THE MEANING OF LIFE

Buddhist Perspectives on Cause & Effect

我，為什麼成為現在的我

達賴喇嘛談生命的緣起及意義

達賴喇嘛 Dalai Lama／著

陳世威／譯　杜文仁／審校

六道輪迴圖

我為何成為現在的我？密宗著名的唐卡〈六道輪迴圖〉所描繪的正是這個問題的解答。圖中巨大的怪獸咬著劃分為二十一個部分的大圓輪，描繪出生命如何陷入苦難漩渦的過程，以及逆轉輪迴的可能性。

轉輪中央的三隻動物，豬、公雞與蛇分別代表愚癡、貪愛與嗔恚三種煩惱。
緊繞著軸心的兩個半圓代表根源於貪嗔癡三毒的白業和黑業（善業與惡業）。在黑色半圓裡的人們頭朝下，代表惡業會將他們帶入更低的層次。在白色半圓裡的人們臉朝上，象徵善行會將他們往上提昇至較高的善道。

第三圈的最上格為天道。在那裡天人們享受著幸福且長壽的生活。他們之所以出生天道，憑藉的是過去世中行善的業力，一旦福報享盡，仍得往下五道沉淪。在天道的左方是阿修羅道，因為嫉妒天人，時常與天人發生征戰。

人道眾生必須忍受飢渴、冷熱、親人別離、敵人侵害等痛苦；想要的求不到，不想要的卻又偏偏無法避免。不僅如此，還得遭受生、老、病、死的不斷折磨。人道雖然苦樂交雜，卻獨獨擁有改善生命的機會。

飢渴是最叫餓鬼道眾生痛苦的原因。它們得不斷地找尋食物及飲水。有著巨大的肚皮和胃口，但是喉嚨卻極為細小，小到僅能吞下微量的食物。就算它們能找著少量的食物，這些食物也會沿著喉嚨一路灼燒到底。

第三圈最下面的一格畫的是地獄道，包括八熱地獄、八寒地獄以及鄰近地獄。在那裡的眾生因為造惡業而得承受種種不同的痛苦。

在轉輪的下半部左邊有一個畜生的國度。令此道眾生痛苦的是，牠們的生存只是為了供應其他眾生使用，且牠們絕大部分都無法使用言語。

右下方一個拄著拐杖的盲眼老人代表「無明」，以老人代表是因為輪迴沒有起始，眼盲是因為看不見真相，拄著拐杖是因為無明沒有真實的基礎。左上方以陶匠捏陶來象徵「行」。如果以今生為例，無明指的是過去世中的愚癡，愚癡令我們有所「行」為，行的結果就成了投胎今生的主要因緣。

一隻猿猴代表第三緣起「識」。聰明好動的猿猴很能代表識體的本性。

一個人在船上象徵「名色」。名指心識以及伴隨其發生的心因；色指身體，兩者都發生在初生受孕的時候。

右下方一個空屋上頭六扇窗戶，代表眼、耳、鼻、舌、身、意六根。這六根是六識的依止處，能讓各識分別認知其對象。右上方一男一女的接觸代表了「觸」，指的是與感知對象的接觸，以及緊接在其後對於該境所產生的苦、樂、捨受的分別。

左上方以一枝插入眼中的箭或樹枝代表「受」，生動地描繪出受是我們日常生活重心的事實。它的強度說明了苦樂對於我們活動的控制程度。右下方正在宴樂的人們代表「愛」。這圖像畫出人們趨樂避苦的欲求以及不願捨受減少的希望。

「有」指充分現行的業力，發生在現世的最後一刻，能召感未來世的果報。圖中以交媾中的男女呈現。

一個人正在摘取一棵樹上的水果象徵「取」。取是愛的一種更強烈的染著，包括對於色、聲、香、味、觸、邪見以及依邪見而生行為的堅固執著。

「生」指的就是新的生命。右上方畫著婦人產子，實際上生指的是受孕的那一剎那，而不是指脫離母胎的時候。左下方扛著重擔的大人象徵最後一支緣起「老死」。有些種類的老死現象於受孕的片刻即已開始，有些則始於肉體的退化。

目次

5 慈悲與智慧的結合 173

來自逆境的教誨

理查・吉爾

理查吉爾基金會很高興能贊助智慧出版社出版達賴喇嘛聖座著作《我，為什麼成為現在的我》一書。

一九八九年的諾貝爾和平獎得主達賴喇嘛，舉世公認為當代最偉大的靈性益友之一。他繼承由釋迦牟尼佛一脈傳承下來的慧命，四十年來過著獨特的靈性導師和政治領袖生涯。他是出色的學者，然而他的言語和經驗卻遠非學院話語所能含括。他的教誨根植於一份經過試煉的生命，他把生命奉獻給和平、人權、社會改革以及世道人心的根本變革，這些事業唯有透過無畏的非暴力才能成就，而這無畏的非暴力，是經由超越的智慧和無能搖撼的博愛精神為引導方能達成。達賴喇嘛常說：「仁慈就是我的宗教。」

自從中共於一九五〇年入侵獨立的西藏，以及一九五九年他傷心逃至印度以後，聖座就孜孜不倦地致力於拯救西藏人民，讓他們不至於遭受已造成一百二十萬人（約為中共入

侵前西藏總人口的五分之一）死亡的殘酷集體大屠殺。而他對於不斷蹂躪自己家園的敵人，所展現堅毅不移的耐心與慈悲終於開始開花結果，西藏恢復獨立的日子眼看就將來臨。在極度惡劣的逆境中仍能堅守、實行並生發佛教原理的能力正是眞菩薩的標記。

這本書正是絕妙的機會，讓我們能接觸這樣一位聖者，聆聽他的教誨。用心思索、傾聽這些開示將使讀者獲益良多。能參與聖座傳遞世界責任與和平訊息的努力，理查吉爾基金會與有榮焉；能贊助智慧出版社努力追求這些理想，也使本會欣躍。願本書帶來幸福，爲眾生耕植福田。

寫於紐約

【緒論】

輪迴的道路

傑佛瑞・霍普金斯

我們爲什麼會成爲現在的我們？我們將何去何從？我們的生命可有任何意義？我們應該如何利用我們的生命？佛教如何看待眾生，以及如何看待充實生命意義的方法？

有一幅著名的佛教唐卡❶〈六道輪迴圖〉（見彩頁），上面畫著巨大的怪獸咬著劃分成二十一個部分的大圓輪，畫中描繪的正是針對上述問題所提出的解答。這幅圖據傳是釋迦牟尼佛本人所作，其中蘊涵的內在心理宇宙論對於整個亞洲有著極大的影響。這幅圖和世界地圖或是化學元素的週期表有著類似的功用；不同的是，前者記載的是內心的作用過程與它外在的結果。

在西藏，幾乎每座廟宇門口都會掛著這麼一幅唐卡。它鮮明地描繪出我們身陷苦難漩渦的過程，以及逆轉輪迴的可能性；它也說明了身爲佛教徒，如何才能在不斷變遷的因果宇宙裡安身立命。藉著揭示生命裡眾多限制與痛苦的原因，輪迴之輪解說著如何從「因」下手，克服果報所帶來的痛苦與限制。另外，它還指出能使生命有意義的利他思維。這幅圈套圖一步步繪出，使人不安，卻是行動的呼籲，顯示禁閉我們的自私樊籠仍有可能被轉化成爲利己利他的幸福來源。

六道輪迴圖——佛教的人生觀和宇宙觀

佛陀指月——離苦得樂

圖畫的右上角畫著佛陀的立像，他的左手擺出教導的姿勢，右手食指則指著左上角的月亮（校按：本書〈六道輪迴圖〉與原文書版本不同，所以佛陀手勢有異）。月亮代表解脫：這裡表示佛陀指出離苦得自由的可能性（請注意月亮裡畫著的是一隻兔子。許多非亞洲人認為他們在月亮裡看到的是一個「人」，而亞洲人卻認為那是一隻兔子的輪廓。其實，畫裡月球表面的圖案只是對月球地形的描繪）。圖的頂部佛陀指出解脫的可能性讓整幅圖畫抹上了樂觀的色彩。圖畫的目的並不僅僅是傳遞輪迴過程的知識，而是要我們能善用這份知識，用以導正、提昇我們的生命。

註釋：

❶唐卡：thang-ka，西藏語，指捲軸畫。

佛陀指著象徵解脫的月亮

「佛陀❷」這個字本身對於苦痛與解脫做了重要的說明。它的梵文原文「buddha」是梵文動詞字根「budh」的過去分詞，這字根原來的意義是「使覺醒」或「散播」，應用在佛教教義裡就成了「（眾生）從無明的睡夢中覺醒來，將個人的智慧散播給一切眾生」；也就是使（眾生）克服無明，豁然開悟。梵文裡形成過去分詞以表達完成語態的方法，一般是在字尾加上「ta」，就像是英文字的字尾加上「ed」來表示過去式或過去分詞一樣。然而要念出「bud-ta」頗爲拗口，因此原本無聲的「t」就變成有聲的「d」，成爲「bud-da」。這就是佛陀「buddha」這個字意義的形成原由：一個已經覺醒的人，一個已經克服無明的睡夢、散播個人智慧給一切眾生的人。Buddha之所以是完成語態「一個已經覺醒的人」有個重要的意義，那就是：諸佛必然是原本仍未覺醒、後來才覺醒的眾生。他們原本也一直處在（無明的）睡夢中，後來才覺醒的。他們的智慧也曾經不圓滿，就像我們一樣，他們也曾受困於輪迴生死，生生世世歷經生老病死的苦痛。

❷佛陀：佛陀漢文意譯為覺者，是自覺覺他、覺行圓滿的聖者。

當前佛教的導師釋迦牟尼佛被認爲是我們時代的眾多佛陀之一，然而他是唯一一位公開顯示包括從母親右脅出生等十二相成道❸的佛陀。據說釋迦牟尼佛其實早在無量劫❹以前就已經開悟，他只是以最勝化身❺的方式出現在這世界，在大約西元前五六三年❻投生在一個印度王國的皇族。西元前五二四年，他捨棄榮華富貴的王子生活而離家修行；西元前五一八年悟道；西元前四八三年，也就是八十歲那一年涅槃❼，總共說法了四十五年。

在還沒有開悟以前，佛陀也和我們每個人一樣只是個平凡眾生：沒有任何人是從一開始就已經開悟的，所有的人都一直或曾經載浮載沉於生死輪迴，一次又一次地歷經生老病死的痛苦過程，這大多是起因於我們因煩惱而形成的業力❽。舉例來說，當我們生氣時，我們的臉會漲紅扭曲——煩惱的力量甚至影響了我們的外表。

煩惱其實只是隨附於內心清淨本質的負面影響力，植基於對事相無明的錯誤理解。那是因爲我們並不知道事物存在的眞相，卻在事相上強加附會一些過於具體化、本來並不具有的性質。這些事相本身不一定重要，很可能只是一些微不足道的事物，像是一塊糖果或是一片披薩之類的東西。在我們對它們產生貪愛或厭惡心理之前，我們對於自己以及眼前事物都會產生錯誤的認識，而一堆煩惱就這麼確實地產生了。

流轉生死一瞬間

圖畫中間的大圓輪被相貌猙獰的怪獸控制著，這表示整個流轉生死的過程只不過在轉瞬之間而已。我們生命裡所有的事物都具有無常的特性。凡是建造的就必然會崩塌；同樣地，有相聚就會有分離。

業力指業的力量，善業有產生樂果的力量，惡業則有產生苦果的力量。

---

❸十二相成道：12 particular deeds，指1.從兜率天下，2.入胎，3.出生，4.受學技藝，5.受欲，6.出家，7.苦行，8.菩提樹下打坐，9.降魔，10.成道，11.轉法輪，12.入涅槃。

❹無量劫：eons, eon是梵文（kalpa）的翻譯，中文做「劫」。無量是無法計算的意思。劫是古印度計算時間的單位，是無法以年月日計算的極長久時間。

❺最勝化身：supreme emanation body：梵文 uttama nirmāṇakāya：藏文 mchog gi srpul sku。最勝化身是諸如釋迦牟尼佛和此劫其他提出新佛法的諸佛，佛為了利益未開悟的眾生而顯現種種變化的身相。

❻西元前五六三年：遵從南傳佛教傳統的說法。

❼涅槃：離開人間；在佛教中指超越生死、完全悟證的境界。

❽業力：一切善惡行為思想都稱為業，好的思想行為稱為善業，反之則稱為惡業。

無明是輪迴的驅動者

大圓輪本身告訴我們認清自身處境的方法。畫中的二十一格圖針對我們如何以及爲何落入現前堪憐處境的根本問題作了回答。此外，它也提供了下列疑惑的解答：是什麼因素讓我們爲善、教我們作惡？六道裡有哪些類眾生？因果循環又是什麼？

畫中位於圓心的圖格說出了根本問題。在最中間的

貪嗔癡三毒以公雞、蛇、豬作爲象徵

圖格是一隻豬，象徵驅動整個輪迴的無明（也就是愚癡）。豬代表根本無明，這種無明不僅是無法理解事物眞相的無能，它還是對於自身以及其他萬物眞相，包括自己的身心以及其他人等在內的誤解。那是一種錯覺，誤執❾事相有比其自身更加具體的存在。

基於這種對於人事物的錯覺，我們便產生了使自己痛苦的貪愛與嗔恚。轉輪中央的另外兩隻動物——公雞與蛇就分別代表這兩種根本煩惱❿。在其他版本的〈六道輪迴圖〉裡，公雞和蛇從豬的嘴巴吐出，象徵貪愛與嗔恚必須依賴愚癡、沒有愚癡就無法生存。公雞和蛇口裡啣著豬的尾巴說明貪愛與嗔恚還會反過來助長愚癡——混亂、迷惑、晦暗。由於不瞭解事相的本性，我們很容易被愚癡驅使，對於喜歡的事物產生貪愛心，對於任何討厭或阻擾欲望的事物產生憎惡感。這三項煩惱——愚癡、貪愛與嗔恚被稱爲三毒，因爲它們扭曲了我們心靈的外觀。

❾執：著相，也就是對事物或事理固執不捨。
❿根本煩惱：指貪欲、嗔恚、愚癡、驕慢、懷疑、邪見六大煩惱。

向上提昇或向下沉淪

緊繞著軸心的兩個半圓代表源自貪嗔癡三毒的白業和黑業（善業與惡業）。在黑色半圓裡的人們忙著產生不良後果事務，他們的臉朝下代表惡業會將他們帶入更低的層次。在白色半圓裡的人們從事著善行，他們的臉朝上象徵善行會將他們往上提昇至較高的善道。

輪轉的六道

行善、造惡的結果所造成的六道，由圍繞著兩個半圓的六個圖格來表示。六道中每一道都不斷處於輪轉狀態之中，因此，即使整個大圓輪基本上一分爲二：在上的三圖格代表三善道，在下的三圖格代表三惡道，卻沒有任何一道能夠超脫輪迴的生死流轉。

第三圈的最上格是天道，在那裡天人們享受幸福且長壽的生活。然而他們出生在天道憑藉的是過去生中行善的業力，一旦福報享盡，仍得往下五道沉淪。在他們壽命將盡之時，知道自己因爲沉溺享福不思修福，結果會使自己往生痛苦的其他道——這種體認使他們覺得格外悲痛。

白色左半圖是善業，黑色右半圖是惡業。

六道

天道		
阿修羅道		三善道
人道		

畜生道		
惡鬼道		三惡道
地獄道		

圖中呈現的是天道與阿修羅道。
在經典中常提及天人與阿修羅互相征戰的故事。

在天道的右方是阿修羅道（校按：本書〈六道輪迴圖〉的阿修羅道在天道左方）。阿修羅⓫這個名字也可譯成「非天人」，這並不是因爲他們不是天人，而是因爲和天人比較起來，他們不起眼多了。注意看看圖裡（校按：本書彩頁和內文插畫的〈六道輪迴圖〉與原文書不同，圖中呈現的是天人與阿修羅互相征戰），有株結滿果實的果樹長在他們的土地上，有位阿修羅正拿著一把刀子想要割取水果。果樹結實纍纍的部分卻屬於天人的土地，這讓這位阿修羅無論如何努力也摘不到長在自家土地上的水果，而天人們卻正享用著從阿修羅土地上長出來的水果。這種情形就像工業國家掠取第三世界國家的礦藏等佔爲己有一樣；而某些多國企業專靠剝削爲他們工作的窮人而致富也是如此。因爲自己的財富竟然大部分利益了他人，所以阿修羅道眾生特別容易爲嫉妒所苦，也特別容易與天人們發生衝突而遭受創傷。

人道位於圖中的左上角（校按：本書〈六道輪迴圖〉的人道在右上角）。這一道眾生必須忍受飢渴、冷熱、和親人別離、被敵人侵害等痛苦；想要的求取不到，不想要的卻又偏偏無法避免。不僅這樣，還必須遭受生、老、病、死的不斷折磨⓬。畫中包含不同類型的人類活動，從屠宰動物到出家修行都有（校按：本書〈六道輪迴圖〉中的人道圖格只描繪和親人分離的景象）。就我看來，這些迴異的活動似乎說明了一件事，那就是人在一生中是可能因爲接受教育而有所改變。從這個角度看，天道固然較爲崇高也較爲幸福，卻缺少人道眾生所獨有、能夠改善生命的機會。人道苦樂交雜⑬，雖有苦，還不至於極苦，卻足以激發人們求變的意念。

人道苦樂交雜，卻足以激發人們求變的意念。

⑪因為阿修羅也是天人，他們存在的領域常和天人結合在一起，所以畫中就成了五道而不是六道。
⑫這裡所指的是佛教的八苦：生、老、病、死、愛別離、怨憎會、五蘊熾盛。
⑬人道因苦樂交雜，利於修行，所以經典中有「人身難得，佛法難聞」的說法。

在轉輪的下半部，我們可以看到左邊有一個畜生的國度。使這一道眾生受苦的是，牠們的生存只是爲了供應其他眾生使用，而且牠們絕大部分都無法使用言語。在畜生道的對面是惡鬼道，飢渴是最讓這一道眾生痛苦的原因。它們會一直不斷地找尋食物及飲水，問題是它們不但找不到食物，甚至連食物這兩個字都無法聽到。它們有著巨大的肚皮和胃口，但是喉嚨卻極爲細小，小到僅能吞下微量的食物。就算它們能找著少量的食物進食，這些食物也會沿著喉嚨一路燒灼到底部。

畜生道的生存，只是爲了供應其他眾生使用。

飢渴是最讓惡鬼道眾生痛苦的原因。

最下面的一格畫的是地獄道，包括八熱地獄、八寒地獄以及鄰近地獄。鄰近地獄與地獄之間的關聯大致如下：因爲業報而受生於鎔鐵熱獄的眾生，在業報受盡的時候脫離那裡生於鄰近地獄。才剛脫離的時候，這個眾生看到怡人的小湖泊，高興之餘就不由自主地向前衝，跳入湖泊之後才發現那竟是一堆屍骨。這劇情指出一項我們總是學不會的道理；我們應當避免隨喜好與憎惡而衝動行事，因爲那會使我們陷入萬劫不復的境地。

圖中顯示的是地獄道眾生的痛苦。

曾經於八世紀遊訪西藏的印度知名學者／成就者蓮花戒⓮（Kamalashila）說過，我們不應該以為六道眾生所受的痛苦只有各道所屬眾生才必須承受，人類的生命裡其實就已經具備六道中的各種痛苦：

> 人類也會經歷地獄等道眾生的痛苦。因為竊盜等罪行而遭受斷肢、刺刑、吊刑等折磨的罪犯所受的苦和地獄眾生沒有兩樣。貧窮卑賤為飢渴所苦的人們也和餓鬼道眾生遭受相同的磨難。而身為沒有自主權的僕役，或是遭受壓迫的人們也與畜生道一樣，苦於沒有自由。

我的第一位藏傳佛教師父是位蒙古卡爾梅克（Kalmyks）的知名學者／成就者（校按：格西阿旺旺傑〔Geshe Ngawang Wangyal, 1901-1983〕），曾經經歷蘇聯共產黨接管蘇俄政權時期的暴行，並且在西藏住過三十五年。他預見共產黨會霸占西藏，所以移民到美國。他以前常說，美國人就是天人，而俄國人則是阿修羅道眾生。這麼說來，我們不但可以把六道分別當作眾生輪迴的不同型態，也可以當它們是個人生命裡不同時期的名稱，而每個時期可能短至五分鐘，長至數個月甚至一輩子。

十二緣起——生命受困的因果

所以，根始於轉輪圓心三隻動物所代表的無明，我們又陷入了由第二圈裡兩個半圓所象徵的善惡兩業業海中，從這裡開始六道的永恆輪迴。可是我們忍不住要問：輪迴有著什麼樣的過程？其中又牽扯到什麼樣的因果關係？

第四圈，也就是最外圈十二個圖格就詳細描繪了這個過程。這十二個圖格稱爲十二緣起，或稱爲十二因緣，因爲它們解釋生命受困於輪迴的因果關係。在仔細說明以前，先讓我們看看這十二緣起有哪些項目。

---

⑭蓮花戒：見他三本《修習次第》（*Stages of Meditation*; Bhāvanākrama）中的第一本。見 Ācārya rGyal mtshan rnam grol, slob dpon kamalashilas mdzad pa'i bsgom rim thog mtho' bar gsum Varanasi, India; dbus bod kyi ches mths'i gtsug lag slob gnyer khang, (1985), 5.6pp。

輪迴根本從「無明」開始，無明激發了「行」。行終止後產生於意識裡的習氣叫做「因識」，「果識」是因識導致的投胎，兩者之間可能會間隔好長一段時間。新生命時期的開始叫作「名色」。名色會發展成「六入」，胚胎的發育。身體形成之後，就發展出「觸」。由觸而產生「受」。由受產生「愛」。由愛產生「取」。由取發展成「有」，也就是新生命開始前的最後一個階段。由有產生「生」，新生命即從生開始。生再繼續形成「老死」。

無明——產生痛苦的根源

一個拄著拐杖、步履蹣跚的盲眼老人所代表的無明說明了第一緣起。以老人作爲代表是因爲輪迴沒有起始；眼盲是因爲看不見人事物的眞相；拄著拐杖則是因爲儘管無明能產生眾多的苦痛，卻沒有眞實的基礎，而正因爲不是奠基於實相，自然能被智慧破解。

無明有兩種：除了一種只與惡業有關，稱爲「枝末」的次要無明外，還有一種根本無明。後者是對人與事相產生錯誤認知的一種識體，它誤認人與事相有超乎實際的具體存在，從而引發一切煩惱，又被稱爲執自性⑮有識。

根本無明因此指的不僅僅是對於眞相的無知，還是會主動製造假象的積極認知；也就是自性存在之見，而實際上事相並不自性存在。我們以爲給與事物一個總名就可以含括它所有組成部分的性質，事實上並沒有任何一個名稱可以這樣地概括。舉例來說，看到一組有四條腿和一個平面可以放置其他東西的物品，無明（愚癡）就會讓我們誤以爲這世上有一種名叫「桌子」的東西，以爲它有眞實具體的存在，以爲它包含了桌腳、桌

⓯自性：一切現象的本體。

無明以拄著拐杖的盲眼老人作爲象徵

面等所有組成物。雖然事相並不是以自性而存在（exist inherently; svabhāvasiddha），也不是以自色而存在，從自己這方面存在（from their own side; svarūpasiddha）以自相而存在，從自己的性質而存在（by way of their own character; svalaksanasiddha），我們卻認爲如此——這就是無明。

在這裡的十二緣起裡，無明指的就是對個人的錯誤見解，尤其是對「我自己」的誤解，誤認它的存在爲自性的存在。無明也指對於像身與心等實際上是自我延伸的事相，以爲它們有自性存在的錯誤見解。一個人其實是依於身與心的組合而有所指稱，而個人只是假名⑯的存在，然而這種假名存在的觀點，並不等同於認爲人只是無生命物質組合的唯物看法。舉例來說，當醫生剖開病人身體卻找不著任何的我或任何的個人時，他可能會認爲人只是單純的物質組合，即使佛教徒說人只是假名地存在，但這絕不是佛教徒的立場。如果人們只是枯死的木材，我們又何須培養慈悲？

根本無明是執假名存在（事實上是依存於身與心而有所指稱）的個人，以爲自性存在且具體地占有空間，所以認爲心與身爲本我所有，是「我自己」的所有物。另一種只與惡業有關的次要無明所誤解的對象是業報，也就是造業的果報。這種無明連較爲粗淺的因果關係都能障礙，教人看不清種什麼因會招致什麼果。它還會增長邪見，像是教人以爲從偷盜中會產生愉悅等錯誤見解。換句話說，要是除去無明，知道造作惡業⓱將來會遭受什麼惡果的話，根本就沒有人肯去造業，還有誰會去殺人、偷竊、耽溺不正當的性行爲、說謊、搬弄是非、侮辱他人、無意義地喋喋不休等？

行——投胎這一生的主要因緣

圖中最外圈的第二格以陶匠捏陶來象徵第二緣起的「行」。如果我們以今生當作例子，第一緣起「無明」指的是我們過去生中的愚癡，愚癡令我們有所「行」爲，行的結果就成了我們投胎這一生的主要因緣。這裡的無明指的並不是一輩子都有的無明，而是指引發單一重要「行」爲，進而決定來生的一段期間、甚至是短短幾刻鐘的愚癡。

⓰假名：一切事物都是因緣集起，只是暫時存在，是人給予事物假設的名字，這個名字假借用來表達或形容。

⓱這裡所指的是十惡業：殺生、偷盜、邪淫、妄語、惡口、兩舌、貪欲、瞋恚、愚癡。

舉例來說，如果墮入惡道（也就是，如果我們投胎的不是三善道之一的人道）的話，造成我們墮入惡道的主要原因可能是造了殺業。以這種情況爲例，前述的無明期指的就是謀劃、執行、一直到完成殺業這段期間，這段期間的錯誤想法和懵懂就是引發這個特有行爲的無明。認爲「我自己」本來就存有、身與心爲「我所有」的想法，和涉及一個行動的無明意識是同一個心識，一個連續體。該一行動可能只有幾分鐘；如果有預謀殺人的話，時間可能就更久一些。引發該業行的無明可能還包括其他形式的愚癡，像是對於殺業果報的無知或是誤解。

讓人投生於人道的業行必定是善行，也就是持戒行。既然這樣的業行能讓人投生善道，在天道、阿修羅道、或是人道待上一輩子，它必然是件值得稱道的善行。正如同月稱⑱所說：「如是十種善業道，此地勝生最清淨。彼如秋月恆清潔，寂靜光飾而端嚴。」

⑱由月稱（Chandrakirti）的《入中論》（Supplement to〔Nāgārjuna's〕）"Treatise on the Middle"（dbumala 'jug pa, madhyamakāvatāra; Peking 5261, Peking 5262, vol.98）第二十四偈改編。

陶匠捏陶象徵「行」

雖然除了善業之外，投生三善道還有其他因素，使人得到「勝生[19]」（high status），此生的牽引因必須是善行。十四世紀末、十五世紀初西藏學者／瑜伽士[20]宗喀巴[21]就曾經說過：「這表示……和道德有一確定關係是必要的，如果拋棄了道德，就不能成道。」然而即使是德行，其中仍摻有無明的因子，所以會誤認：

- 自己，也就是持守戒行的人，本來就存在。
- 戒行本來就存在。
- 與惡行牽連的一切眾生也本來就存在。

行爲固然爲善，然而行爲當中仍帶有無明，因而誤以爲前述等事相本來就存有。

造作使人投胎善道或惡道的完整行爲過程必定包含下列五個因素：

- 作意
- 確認作意的標的

- 準備
- 完成
- 業行完成前原先的意圖不曾改變

舉例來說，你原來預謀殺害某一個人，結果殺死的卻是另外一個人，這種業行固然是惡行，它的果報當然也會是惡報，卻還不足以構成一個能夠決定來生去處的完整業行。業行要完整還得有另一個前提，那就是原先的意圖不曾改變。舉例來說，如果受害者沒有立即死亡，而你想著：「這眞是可怕，我不應該殺人的。」那麼即使這個受害者不久以後死亡，這個行道仍然不算完整。然而即使不完整，這業行的果報依然極爲嚴重。

---

⑲勝生：Abhyudaya mngon mtho.「勝生」（high status）的討論，見 Jeffrey Hopkins. Buddhist Advice for Living and Liberation; Nāgarjuua's Precious Garland (Ithaca; Snow Lion, 1998). 31-45.8。

⑳瑜伽：梵語，是合一（Yuiñ+ghaiñ=Yoga）的意思。瑜伽士即修行的人。在印度，瑜伽是修行法的共名。

㉑宗喀巴：西元十四、五世紀西藏佛教改革者，也是藏傳佛教四大教派之一格魯派的開祖。tsong kha pa blo bzang grags pa; 1357-1419. 見同書。

識——因識與果識

一隻猿猴代表第三緣起「識」。在十二緣起裡，識又可分爲兩種——因與果：

因識——沾染善惡的潛能種子

業行一旦完成，其功能[22]便會流入當時的心識。這個短暫的心識，也就是因識，在業行完成的當下便發生。這個心識是中性的識體，善與惡的習氣都能容納。也因爲它的中性特質，所以無論是善與惡都能沾染。如果我們拿兩種味道強烈的物質加以混和，譬如大蒜和紫檀，兩者的味道就會彼此影響，變成大蒜和紫檀的混和氣味。如果我們拿味道強烈的物品放置於像是芝麻等中性的物品旁，後者就會染著前者的強烈味道。行業就是以這種方式在心識上烙下痕跡。

這種習氣是一種功能、是一種力量，以善、惡或德行、非德行的方式烙入心識，能夠決定未來生投生的地方。根據功能力量的強弱，還會決定一個人的壽命，像是哪些人活得久一點，哪些人的壽命短一些。決定今生的功能可能來自於過去生任何一生中造作的無明業行：這個過去生可能是今生以後的百萬生，甚至是在百萬億劫以前的某一生。當前一生即將終盡的時候，此生的功能受某些因素之滋養（稍後討論），諸如我們喜歡的生命形態。這類功能的確由我們所滋養的徵象如下，試考慮有人問我們：「要是有下一輩子，我想當什麼？」我們立刻回答：「我想要當……」這顯示我們其實一直孕育著某些功能。

果識——新生命的第一個心識

受到這樣子孕育的功能在前一生終盡的時候便會全面啓動。在生與生當中會有一段短則一剎那、長則四十九天的中陰身㉓時期。然而，中陰身中任何一世只能維持七天；換句話說，要是有

聰明好動的猿猴代表「識」

㉒ nus pa.「功能」。

㉓ 中陰身：人死後還沒有投胎前的化生身就叫作中陰身。

人待在這個中陰身境界長達四十九天之久，他便得經歷七次的生命。

據說在這個時期，中陰身爲找地方投胎，會在眾生交配的地方徘徊。可是這個時候要是沒有特殊的衡量，也就是沒有投生某一道的特定功能，中陰身便無從進入母胎。舉例來說，假設中陰身的你到了某個地方，看到有狗兒正在交配，要是你沒有具備投生爲狗的現行種子，就沒有辦法進入它的胚胎；相反地，你要是有著這樣的習氣種子起了現行，你就會受胎狗身，由不得自己。如果即將投生爲男（雄）性，就會被女（雌）性（即母親）強烈吸引，而且會對於父親產生憎惡感。雖然是這麼說，據說投生男胎者還是必須先進入父親的口中或頭頂，再由父親的生殖器官出現，進入母親子宮。相反地，如果投胎爲女，則會受到父親的吸引而融入母親體內㉔。

脫離了中陰身，便進入新母親的子宮（如果爲胎生的話）。那就是新生命的第一個片刻，稱爲「果識」，指的是新生命一開始時那一片刻的心識。

在本文談到的十二緣起（圖見下頁）裡，前兩個半的緣起，也就是無明、行以及因識，能夠發生在過去生的任何一生當中。這三者又被稱作「牽引因」，因爲它們是提供整整一輩子生命的主要衡量。

《稻芋經㉕》（*Salistamba Sutra*）
解說十二緣起的方法

世	十二緣起	因果
甲世	（一）無明	牽引因
	（二）行	
	（三）識	
	A：因識	
	B：果識	
乙世	（四）名色	牽引果
	（五）六入	
	（六）觸	
	（七）受	
	（八）愛	生起因
	（九）取	
	（十）有	
丙世	（十一）生	生起果
	（十二）老死	

㉔為了淨化此一過程，在無上瑜伽密中有某些啟蒙法以純粹的形式循此一模式而進行：見 Dalai Lama, Tenzin Gyatso and Jeffrey Hopkins, *The Kālachakra Tantra; Rite of Initiation for the Stage of Generation* (Loudon; Wisdom Publications, 1985; Second revd. edition, Boston, 1989), 93-97, 264-266。

㉕由 Jeffrey Hopkins, *Meditation on Emptiness*（London: Wisdom Publications. 1990）279 取材；其他的說法，見 *Meditation on Emptiness*, 767-11。

本圖中甲生指乙生過去生中的任何一生；乙生與丙生之間則沒有其他生間隔。

從果識一直到第十緣起的「取」發生在今生；從果上來說，稱爲「牽引果[26]」，因爲源於過去生中所造的牽引因。某一生的形成肇因於業行，而無明就是這整個過程的根源。正因爲這樣，改變流轉生死的方法便必須先從理解因果關係著手，以增進善緣。而求得解脫的方法就在於開展能夠理解眞實事相的智慧，從而使驅動生死輪轉的煩惱習氣無從造作。

這十二因緣依序產生過去、現在、未來三生。在過去生裡，因爲某一時刻的無明引發某一項業行的造作，因而在心識中種下習氣，這時候的心識就是所謂的因識。因識會製造出另一生的生命，也就是今生；今生則包括果識、色名（即身心）、六入（即六根的發育）、觸、受、愛、取、有等緣起。有，是今生的最後一刻；這個時候，先前落入心識中的某一習氣已經成熟，具足現起下一生（即未來生，含生與老死）的完全潛能。前面兩個半的緣起稱爲牽引因，爲驅動今生的惑業原因；造作惑業原因的則是先前的業行所烙下的習氣，而業行本身則因無明而起。過去生的因造就了包括接下去四個半緣起的牽引果。再下去的三個緣起則總稱爲生起因。這三個緣起會接著薰習另一個習氣，使其感召包含最後兩個緣起的未來生，這後面的兩個因緣即稱爲生起果。

色名——受孕的胚胎狀態

下一格裡畫著一個人在船上，象徵「名色」。名指心識以及伴隨它發生的心因；色指身體，兩者都發生在出生受孕的時候。

在受孕的剎那，色指的是母親的卵子和父親的精子；佛經裡形容它爲父精母血。剛開始時形體極小，形狀類似果凍。接著形體會拉長，質地像是奶酪。之後形體繼續拉長，頭顱雛形初具，而且有腫塊日後發育成四肢。

我們對於自己目前的身體習以爲常，以爲它好像永遠不會改變；可是轉瞬之間我們又會流轉回到這般鬆軟的形體。回頭看，其實我們才在不久前剛剛脫離這樣的形體，只不過我們都不記得了。

㉖牽引果：'phang 'bras。

一個人在船上象徵「名色」

六入（六處）——感知能力的發展

下一格圖裡，一間空屋的前六扇窗戶，代表眼、耳、鼻、舌、身、意等六根㉗。這六根是六識㉘依止的地方，能讓各識分別認知它的對象。這裡特別指的是在胚胎中六根初成、各根作用尚未完備的幾個時刻。隨著母體子宮內胎體的發育，知覺也隨著產生：觸覺、味覺、嗅覺、聽覺、視覺分別一一展開。

一般來說，感知的生起有賴「十二處（入）」，即內六根與外六境（塵），也就是六種不同的感知能力以及和它對應的六類感知對象。

因爲六境無時不在，所以十二緣起裡只有提到內六識以及它們的次第發展。內六根指的不是器官本身，而是位於器官內部的精微物質（校按：rūpaprasāda，色亮）。舉例來說，味覺不光指的是舌頭，還包括舌頭內讓人能分辨味道的精細物質；就像有些人雖然有著舌頭卻無法分辨出味道，有些人眼睛雖在，卻無法看見東西。所以，在眼睛等器官裡確

㉗六根：根指器官、機能或能力。六根是人與物質界（眼耳鼻舌身）和精神界（意）交涉的工具。

㉘六識：六根的認知能力。也就是眼識、耳識、鼻識、舌識、身識、意識的合稱。

實存在某些精細物質在器官成熟時，讓我們能見、能聽、能嗅、能嘗、能觸。隨著這些感官的發育，子宮裡開始有覺受，胎兒開始會踢、會動。而且胎兒如果感到疼痛，母親通常也能感覺到。

空屋的六扇窗户代表六識

十二處

六根	六境
(一) 眼	色
(二) 耳	聲
(三) 鼻	香
(四) 舌	味
(五) 身	觸
(六) 意	法

觸——接觸與感受

一男一女的接觸代表下一個緣起——「觸」。大致上，這圖格象徵的是根、境、識三和合；也就是說，十二緣起裡的觸指的是與感知對象的接觸，以及緊接在後對於該境所產生使人喜歡的、使人討厭的或中性感受的分別。六境因爲無時不在，只要六根（也就是能夠使人看見物體、聽到聲音等的精細物質）一生出，眼、耳、鼻、舌、身、意等六識也會自然隨著產生。

使識起作用的因素有三個：

一、識起作用的前一剎那

這個剎那能使（舉例來説）眼識成爲一個感知體，一般稱爲「次第緣[29]」（the immediately proceeding condition，或叫作「無間緣」、「等無間緣」）。

---

[29] 次第緣：bdag rkyen, adhipatipratyāya.（校按：原書此註有誤，應作 de ma thag rkyen, samanon tarapratyaya.）前念引生後念的作用。

二、眼根

這一根能使眼識起作用，以分別顏色與形貌。如果一個人雖然有眼識，卻沒有能夠作用的眼根，就無法分別顏色與形貌。所以在這裡我們稱這個眼根為「增上緣[30]」（the dominant condition）。

三、境

境的本身無法產生感知體，但是因為它能夠影響識的作用，所以仍然是識起作用的因緣之一。舉例來說，要是沒有一抹藍色出現眼識之前，識體仍然看不見藍色。因

一男一女的互動代表「觸」

此，眼識以境爲因素之一而得以發生作用。境就被稱爲是「所緣緣㉛」（cbserved-object condition）。

其實即使是感官本身也不是心識作用的實質原因。它對心識的確影響很大，但是當下的識體卻必須依憑前一刹那的識體才能產生。當一位禪修者檢視自己的內心，感知到它們的連貫性時，他就會透徹地瞭解到原來心識發自心識而不是源自物質。

心識也不是起源自永生的神祇；永生既然是永恆便無法起作用。心識更不可能源自於無，因爲無也同樣沒有能力造作。心發自於心。現在的心識是先前心識的連貫；既使在深沉的睡夢中或是昏厥狀態下，仍有微妙的心識作用著。

雖然心本源於心，在子宮內時還是有一段時期沒有眼識，因爲眼根還沒有發育。眼識在今生的第一次開始作用並不是接續著前一生最後一刻的眼識作用。這是因爲就算一個人

㉚ 增上緣：bdag rkyen, adhipatipratyāya：別的譯法包括 proprietary condition 和 empowerin condition。增上是加強的意思。增上緣是幫助現象發生的原因條件。

㉛ 所緣緣：dmigs rkyen, ālambanapratyaya. nyer len, upādāna.（校按：霍普金斯在此處的意思可能是，執「取」「apādāna」是心識的真正因緣「substantial cause; rgyn rkhyen, hetu pratyaya」：另一種可能是此註誤植入此處）。

還沒有死亡，他的眼識也早已停止作用。另外，當耳識、鼻識、舌識、身識都已經消逝的時候，人仍然還活著。這時候外在的氣息雖然已經消失，內在的氣息還存留著。

我以前在印度旅行時，剛好遇到一位瑜伽修行者往生。如果是在美國，他可能早就被宣告死亡；但是在那裡，他仍然停留在清淨光明根本心裡長達十三天，心臟中央（即識的中心）在這十三天當中都一直保持著溫暖。只有在那之後，才有些許血水與黏液從他的耳鼻流出，他的身體位置也才有了改變。

就一般不是因為疾病纏身過世的死者來說，這段清淨光心識的時間據說是三天。然而在美國，人們在尚未完全往生的時候（就佛教的觀點來說），遺體就已經被載往葬禮的禮廳。

對清淨光心識彌留更久的瑜伽行者來說，這樣的搬動會有害處，但據說這對一般人並沒有太大關係，因為他們無法控制自己的心識。

一個人在前一生壽命終盡的時候，他的意識會先在中陰身界遊蕩，然後才投生母體子宮。在視覺感官長成之後，這個意識便成為眼識今生第一次開始作用的前一剎那，因此任何一識的感知體都源自於前一剎那的心識。如果真的是這樣，那麼今生意識現起作用的第一刹那又是源自哪裡？它來自中陰身的意識。中陰身的意識又從哪裡來？它來自死亡時的心識。所有過去生中積累的功能就隨著死亡時的心識遊蕩。

這個深沉的識體儲存著我們過去生中的一切所作所爲。在沒有起現行之前，這些習氣種子都潛藏在這個識體之內。我們的行業造就了習氣，而這些習氣棲身的地方不是在別的地方就正是在這個識體。

受——分別苦樂的開始

第七緣起的「受」以一枝插入眼中的劍或樹枝代表，用生動的方式描繪出受是我們日常生活重心的事實。它的強度說明苦樂對

「受」以一枝插入眼中的劍代表

於我們活動的控制程度。在六〇年代中期，當我待在紐澤西州的蒙藏寺院時，有一位哲學教授帶領一小群的學生前來訪問。他問住持：「你認爲學生對於性和哲學哪一樣比較感興趣？」這位喇嘛思索片刻然後回答：「性。」

前面我們說過，在胎兒的發育過程中，胎兒會經由觸逐漸產生一些印象，認爲事物可以分成使人喜歡的、憎厭的和中性的等三種。隨著內六處的成長，這樣的分別心也就造就苦、樂、捨等三種差別感受㉜。十二因緣裡面的受，指的就是從子宮裡第一次開始產生苦樂捨三種感受，一直到能夠產生情慾興奮爲止的這段期間。此外，它也指一生當中成爲下一個緣起對象的每個時刻。

愛——因分別而貪戀執著

「愛」是以一群正在宴樂的人們爲代表。這圖像畫出人們趨樂避苦的欲求以及不願意減少捨受的欲求。雖然打自娘胎開始我們就能感受到愛執，十二緣起裡的愛強調的卻是能滋養業能、以牽引未來生的愛業。舉例來說，你也許常常幻想成爲某一類的貓、狗或飛禽，這份愛執就會啓動這類轉世的習氣（我其實也常好奇對於某些人或某些團體的憎厭，是否也會導致一個人投胎時變成類似那些人的長相，或是進入那樣的團體；你可以想像那就好比只因為過度分別所產生的愛著，而投胎到前世敵對的國家裡，甚至對前世的同胞產生了敵意一樣）。

㉜三受：苦受、樂受和捨受。苦受是指對使人憎厭的事物所產生的感受。樂受是指對使人喜歡的事物所產生的感受。捨受又叫作不苦不樂受或非苦樂受，是對不使人憎厭也不使人喜歡事物的感受。

正在宴樂的人們代表「愛」

取——為愛不辭勞苦地追求

象徵第九個緣起「取」的圖格裡，畫著一隻猴子正在摘取一棵樹上的水果（編按：本書的〈輪迴圖〉畫的是一個人而不是一隻猴子在摘水果）。取是愛的更強烈的染著，包括對於色、聲、香、味、觸、惡見以及依惡見而生行爲的堅固執著。

在生命的任何一個時刻都有可能發生愛與取，將過去生的因造成的今生果報再次轉化爲未來生的潛能。然而在壽命終盡時這兩支緣起對於未來生的果報有著特別強的影響力，因此有人認爲我們臨終時的態度格外重要。假設你臥病在床，圍繞身邊的親友正在哽咽啜泣，或是握住你的手，含著眼淚彎下身來親吻你，一股強烈的情執就會在你內心產生，教你拚命去抓住一個你抓也抓不住的片刻。相反地，如果人們能夠老實地告訴你：「你就快走了，我們進來是爲了和你道別的。不論我們如何相親相愛，生命就像是公車站，我們會和一群人短暫相聚一陣子，但是卻無法和他們永遠在一起。而現在我們就要離別了，我要和你道別，讓我衷心地祝福你。」如果大家能夠這麼做，那該有多好！如果臨終者也能接受這一席話，那會更好。然而，如果他有了堅固執著，想要繼續留在他再也不可能留下來的地方，這就會讓他下一輩子投胎成爲餓鬼。

大限將至時我們可能會想：「我希望能投胎成爲一位偉大的將領」；「我想下輩子當個歌劇演員」；「來生我想要出家」；「我希望下輩子能幫助一切眾生」。一個人發的願如果是後面兩者，這個人就眞的了不起！

一個人摘取水果象徵「取」

有——召感下一生的業力

「有」指充分現行的業力，發生在今生的最後一刻，能召感未來生的果報。有些圖以交媾中的男女呈現，有些則描繪孕婦，象徵由愛著和執取所滋養的業因，已經全部化爲潛在業力，隨時能召感下一生的果報。

因此第十緣起的「有」就是一個人臨終時能召感未來生果報的潛在業力。這種

「有」以交媾中的男女呈現

業因功能以它的業果爲名，也就是今生的因所召感未來生的存有（果）。這就是這類潛在業力（即業因）被稱爲「有」的原因。

生——受孕的剎那

第十一緣起的「生」指的就是新的生命。圖格中畫著婦人產子，然而實際上第十一緣起的生命指的是受孕的那一剎那，而不是指脫離母胎的時候。

〈輪迴圖〉中的「生」的圖格畫著婦人產子

老死——衰變毀壞

扛著重擔的大人象徵最後一支緣起「老死」。有一種老化現象在受孕的片刻就已經開始，另一種則開始於肉體的退化。

瞭解生命的真實狀況

以上就是以圖畫形式呈現的十二緣起。圓心中央畫著雞、蛇與豬，說明貪、嗔、癡三毒是輪迴過程的核心，而無明更是生死流轉的根本。三毒會導致善與不善業的造作，而善與不善業又會更進一步召

扛著重擔的大人象徵「老死」

感六道輪迴。輪轉生死依著十二緣起的過程發生；根據這種解釋系統，這個過程可以三生來說明：前兩支半的因緣發生於過去生；第三緣起的後半支加上接著的七支屬於今生；最後兩支則發生於下一生。

這個過程講得愈詳細就愈複雜。正如同這一生所產生的愛與取（第八及第九支緣起）能滋養未來生的業因種子，在前生我們同樣也造作過愛與取而導致今生的輪迴。愛與取同樣肇因於業行（第二緣起）所種下的業因，這個業因埋種於因識（第三緣起的前半支），而業行則因無明（第一緣起）而起。該業因種子則在今生成熟而起現行。此外，還有其他源自於過去無明所造業因在這一生受報後，再次輪轉爲今生的因，它的果報則在未來生顯現。

這一刻我們惑於無明，因無明而造作行業，行業再於我們心識中留下業因種子，也就是因識。我們所造的完整的業會引領我們或入善道或墮惡途，因此，十二緣起一旦發動，生死輪迴就會開始輪轉不息。今生所造業因，果報可能在下一生也可能在四百劫以後的未來生；同樣地，造就今生的業因也可能造作於三千年前。唯一可以確定的是，到了下一生，我們只會受苦於更盛的無明。

就某一特定生世來說，十二緣起的順序是固定的，但是分屬不同組十二緣起的因緣也可能同時發生作用。要是我們把整個過程分爲（過去、現在、未來）三組然後問：「這三組中哪一組先發生？」就某一個特定生世來說，確實是先起無明，行隨之發生，因識再接續其後。但是就這三組緣起來說，我們的人生固然起始於名色，但我們也同時經歷著無明、生與老死。在我們的上一生，當我們被無明迷惑，造作果報在未來生的業行時，我們也同時經歷著另一組十二緣起裡的生、老死以及名色等緣起。

我們會有今生，起因於過去生中因爲一念無明所造作的業行。這個業行因爲能夠牽引未來生，所以被稱爲「引」業。無明、行、因識是驅動今生的業因，其中的行尤其是主要原因。這三個因緣能夠決定這一生的大致輪廓，決定我們是否投生於人道或是其他五道。其他的業行，即所謂的「滿業」，則決定今生的其餘部分，像是男女性別、美醜、貴賤、壽命長短等果報。雖然我們無法說一切事物都是以前就已經註定，但我們的確會被「特定」情境所吸引。

基本上，一旦我們瞭解過去的業因造成今生的身心，而今生所造諸多業行則源於無明，我們就會知道這一生我們正在製造未來生生世世的業因。如果要終止這個輪轉的過程，最容易下手的地方就在斷愛㉝。這是因爲即使我們曾經造作過千萬億個業因，必須輪迴千萬億生，只要業因沒有助緣不起現行，我們就不會繼續墮入輪迴；就好像有一屋子的稻米種子，卻不去播種一樣。這樣就算我們有著無量業因也不會再次墮入輪迴，我們就能自由自在了。

要能終止愛染，必須先能克服根源的無明。愛染的生起，全是因爲昧於事物眞相而產生錯覺。佛教徒並不會只是一味地壓抑它（雖然很多時候壓抑是必要手段，而有些修行方式也以這爲目的），他們知道如何克服它，知道如何能不用壓抑的手段，就能讓欲望與嗔恚無從生起的方法。我們知道有些東西能讓愛染無法作用，其實欲憎並沒有眞實的基礎，只是空架在無明上的海市蜃樓罷了。

無明又是從哪裡來的呢？無明來自前一無明。我們無法說出它最初開始的時間，但是我們可以說明此一生身心的形成，決定它的生成主因，以及討論它的無明開始。龍樹㉞菩

㉝這裡的斷愛並不是斷除愛欲的因，而是斷除愛欲的緣。

㉞龍樹：西元二、三世紀印度佛教學者，生卒年說法不一，是印度大乘中觀學派的創始人。

薩所著的《寶鬘論》裡有著這樣的論點，他把十二緣起歸成三類，也就是惑、業、苦三輪，也被稱為三完全煩惱。

陰執乃至在

我見亦恆存

由有我見故

業及有恆有㉟

只要會誤認五蘊和身為本來就存有（自性有），同樣也會誤認「我」為本來就存有。因「我有」而緣生業因，也因緣生「生」。讓我再說明一次：認我為本來就存有的錯誤觀念根基於對五蘊和身是本來就存有的誤解；前者又引發善惡兩業；業行又接著感召輪迴。

十二因緣裡，無明、愛和取同樣是造作輪迴惑業的根本，所以歸為一類——「惑」。業行種習氣種子在心識中，一旦習氣因緣成熟的時候就稱為有；所以這兩個緣起，行與有，同樣歸類為「業」。另外，龍樹菩薩還將從因識到老死的七支緣起命名為「苦」。

龍樹菩薩說這三類緣起互為因緣，相繼出現，如同用火把在空中畫圈：

生死輪三節
無初中後轉
譬如旋火輪
生起互相由㊱

如果你手上拿著一根一頭著火的樹枝在夜空中畫圈，遠處的人會看到一輪火圈。同樣地，這三類因緣的相續發生也看似生死流轉。順序上，惑生業，業生苦：但是它們也會彼此互為因緣。舉例來說，苦也會生惑，就像我們會以愚癡的方式看待苦受；這樣，苦便

㉟本頌出自《寶鬘論・安樂解脫品第一》。第三十五偈。見 *Jeffrey Hopkins, Buddhist Advice for Living and Liberation; Nāgārjuna's Precious Garland* (Ithaca: Snow Lion, 1998), p.98.

㊱本頌出自《寶鬘論・安樂解脫品第一》第三十六偈。

會成爲惑因，惑則會再生業行。業也能生惑，這是因爲由於業行的造作，我們累積更多的錯誤觀念，從而製造出未來更多的無明。

當我們想想輪迴生死的過程，會看見自己一回又一回地流轉：或入善境，或遇惡緣，或受痛苦，遍體鱗傷。我們一生當中曾經哭過多少回？如果一輩子所流的眼淚累積起來，要有多大的容器才能夠裝得下？要是連同過去生中的淚水一起算入，更是淚流成海。相同地，要是累積起我們過去生中死亡所遺留下來的骨骸，堆高起來可能就像聖母峰一樣高。而這正是有情眾生㊲的處境。

對一位佛教徒來說，時間並不是以出生和死亡的日期和地點來定義。身爲佛教徒，你無法說你不曾出生在這世界上哪一個地方。你也不能說：「這些人我沒見過。」雖然你可能不記得了，你會感覺自己曾出現在無限時空之中。

三完全煩惱

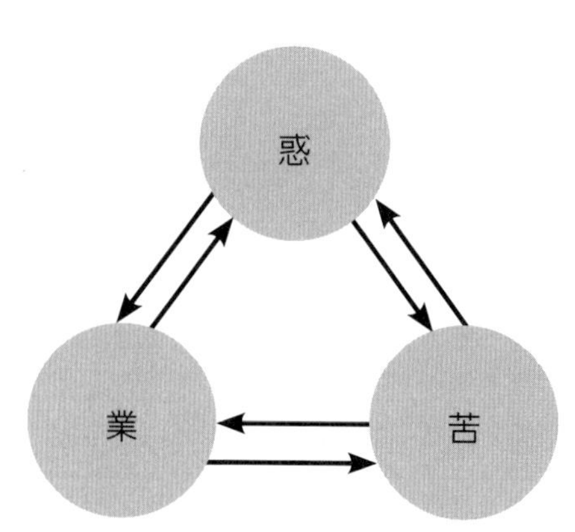

受限於此時此地的這一生並不是生命的眞實狀況，我們彼此在過去的生生世世裡曾經多次見面；彼此也曾有過許多不同的因緣；因此我們不能以這一生的短暫經驗當作價值的衡量標準。藉由觀照因緣，我們會領悟出自己在輪轉生死中的位置。一旦明瞭自己的處境，我們就能夠也瞭解他人，從而發起慈悲心。

因緣所生法——達賴喇嘛在倫敦的開示

一九八四年春季，諾貝爾和平獎得主聖座達賴喇嘛，在倫敦的劍登堂（Camden Hall）針對因緣所生法做了一系列的演講。在三天的五個講座裡，他說明佛教的基本世界觀：到底佛教怎麼看待全世界眾生的處境？佛法又如何能爲生命創造意義？探討內在最根本的清淨光心識成爲連貫五個講座的基調，同時也是那個系列中最後一個講座的重心。達賴喇嘛說明了這個原本清淨、位於最深處的內心所遭遇的障礙；也講解如何能藉由密續㊳修行

㊲有情衆生：指天、人、阿修羅、畜生、餓鬼等有情識的生物。

㊳密續：指密教（金剛乘）或其法教經典。

法，使得能夠觀照本有空無自性的智慧得起現行。清淨光心識在他解說悲慘的流轉生死過程時全程放光，同時也形成他詳述流轉過程時的背景。

達賴喇嘛對於聽眾提出的許多問題所做的回答，說明了緣起在日常實際生活裡起作用的方式。他對於講座裡提到的實際問題詳加回答，也探討我們生活中遭遇的許多難題：如何處理內在和外來的干擾？如何調和無我的義理以及個人責任的關係？如何面對不治之症？臨終關懷該怎麼做？對家人的愛和對眾生的愛怎樣才不會衝突？達賴喇嘛對這些問題以及其他課題都做了直接而令人鼓舞的解說。

達賴喇嘛的演講裡處處流露出他的知識、才智和仁慈。他強調應用和平的方式解決個人、家庭、國家以及國際間的問題。就這樣，他四兩撥千斤地駁斥了選擇以效忠於某一特定系統爲生命目的的看法。他明白地指出，理論系統是爲了眾生福祉而存在，所以不應該是反其道而行。他也呼籲，意識形態只應該用來改善人們的生活。

我在這系列講座裡擔任他的翻譯，並且把演講內容筆譯成英文編成這本書，爲的是彌補在即席翻譯壓力下可能失誤掉的一些細節與弦外之音。我要感謝印度鹿野苑（Sarnath）中央高等西藏研究學院的耶西·塔巴喀格西（Geshe Yeshi Thabkhe），以及紐澤西州華盛頓佛學教育中心的喬書雅．卡特勒（Joshna Cutler），感謝他們對於第一講座所引章節所做的協助。我也要感謝史提芬．溫柏格和大衛．尼德為我校讀整本初稿，並且提供許多有用的建言。

傑佛瑞．霍普金斯（Jeffrey Hopkins）於維吉尼亞大學

1
佛教的世界觀

首先，讓我先針對聽眾裡的佛教修行者，談談聆聽以宗教爲主題的演講時，應該有什麼樣的動機——有個好的動機是很重要的。我們討論這些事情的原因無疑不是爲了金錢、名聲，或者這輩子裡的其他俗務。要獲取這些東西還有很多方法。今天我們來到這裡主要是爲了長久以來一直令我們掛心的一件事。

每個人都希望幸福，不願意受苦，沒有人會否認這個事實，但是對於克服困難獲取幸福的方法卻不是每個人的意見都一致。幸福的種類有很多，得到幸福的方法也不一而足；同樣地，痛苦的方式不是都一樣，克服的方式也不盡相同。然而身爲佛弟子，我們的目標不只是暫時的解脫和短暫的好處，還要考慮到長期的結果。佛弟子關心的不僅僅是今生，還關心未來的生生世世。我們所在乎的也不只是幾個禮拜、幾個月、甚至幾年的問題，而是幾生、幾劫的生死大事。

錢財的確很好用，但是用處有限。在世俗的權力與財富裡當然也有些很不錯的東西，但是它們不錯的程度一樣有限。心識的發展，從一個佛弟子的觀點來看，卻能夠生生世世延續下去。這是因爲按照心識的本質來說，如果某個心識性質的發展奠基在健全的基礎上，這些特質往往就能一直保持著；不只是這樣，有些時候它們還會增加。事實上，善的特質一旦有適當的發展，就會無窮無盡地增長。所以靈性修持不但能帶來長遠的幸福，還能使我們的心識日益堅強。

所以請專心聆聽我們目前討論的主題；用純淨的動機來聽，可別睡著了！我演說的主要動機是一份對眾生的誠心，以及對眾生福祉的關懷。

行爲與見解——未來幸福決定者

在培養心識特質的時候，禪修（meditation）是必要的。想要改變心識一定有辦法，而禪修就是能夠產生這種改變的方法。禪修是讓自己熟悉某種新事物的活動。基本上，這指的是讓自己習慣正在冥想的對象。

禪修分爲兩種：觀察修和止住修（analytical and stabilizing，校按：古漢文稱爲「觀」與「止」，對應的梵文爲 vipaśyanā 和 śamatha）。首先，先依觀察修針對一個物相加以分析；分析過後，再以止住修讓心識專注於該物體身上。觀察修還可以按照對象的不同再分成兩類：

一、某件事相

像是無常等等，被拿來當作心識的對象加以禪修。

二、某種態度

譬如慈悲等等，藉由禪修來培養，使得那種態度變爲心識本性。

爲了能瞭解禪修的目的，我們可以把禪修分成見解和行爲兩個部分。行爲是這兩者之間最主要的部分，因爲就是它決定了自己和他人的未來幸福。然而行爲要清淨圓滿就必須要有正當的見解。行爲必須要有健全的理性作爲基礎，所以也有必要具備恰當的哲學見解。

那麼就行爲來說，佛弟子修行的最主要目標是什麼？是馴服一個人心識的連續體❶，讓自己能夠變得祥和。佛教的修行方式（即所謂的「乘❷」）通常分爲大乘和聲聞乘。大乘著重的是普度眾生的大悲心；聲聞乘則著重不傷害他人。因此佛教所有的教義都是以慈悲心爲出發點。佛陀的無上教義根基於慈悲，甚至於有人說佛陀就是慈悲的化身。一位佛的主要本質是大悲心；這種利他助人的心性正是我們應該皈依佛陀的原因。

「僧伽」的意義是和合眾，指依法修行、幫助眾生皈依的人。出家眾具有四種特質：

有人傷害他們，他們不會報以傷害；有人對他們動怒，他們不會生氣以對；有人侮辱他們，他們不會回以侮辱；有人指責他們，他們也不會報復。這就是比丘、比丘尼的行爲，而他們行爲的基礎就在慈悲，因此僧伽的特質也根源於慈悲。其實所有的宗教都一樣，都有強大的教導體系教人如何修習慈悲。而由慈悲所發起、最基本的不傷害他人行爲，不僅僅應該在我們的日常生活中實行，也應該落實在全世界各國與國之間。

緣起論——佛教各派共通的哲理

雖然不同的學派有不同的解釋，緣起論（相依緣起）仍然是佛教各教派共通的哲理。緣起的梵文原文是「pratityasamutpāda」，字根「pratitya」有三種不同的意思：相遇、依賴、憑藉，但是就基本意義來說，這三個字本義都有依憑的意思。「samutpāda」的意義

❶心識連續體：一般譯為「意相續」；相對於唯識學派的阿賴耶識。校按：梵文 Santāna 被譯為英文 continuum。

❷佛教中「乘」的分法有多種，有一乘、二乘、三乘、四乘、五乘，最常見的三乘也有不同的說法，如：聲聞、緣覺、菩薩和小乘、大乘、金剛乘。

是生起。所以「pratityasamutpāda」的意思就是依賴、憑藉、借重因緣而生起者。在更微妙的層次上來說，這就是爲什麼事相是空無自性的主要理由。

爲了能照見事物（這裡指觀照者所禪修的標的物）只憑因緣而起所以是空無自性的事實，我們必須找出這些標的物：也就是那些能產生快樂與痛苦、能助人也能害人等等事相的本質。如果一個人不是很清楚因果的關係，就很難瞭解這些事相只憑因緣而發生所以是空無自性的道理。所以我們有必要設法瞭解因果，知道哪些原因會以哪些方式造哪些善果、惡果。正因爲這樣，佛陀便開示了因緣所生法，說明流轉生死過程中造業的因和果，這樣我們才能透徹地瞭解因果循環的過程。

所以緣起法裡有一個層面是和因果有關，而在這裡指的就是流轉生死的十二支緣起：無明、行、識、名色、六入、觸、受、愛、取、有、生、老死。除此以外還有另一個更深一層的緣起可以適用所有事物，那就是事相的成立都是依賴它們組成的部分。沒有任何事相不是由部分組合而成，因此所有事相的生成都有賴它們的組成部分。

除了上述兩層外，第三個還要更深一層的緣起，也就是事相是依憑著一個強加附會的基礎被冠上名相❸的。當我們按這個基礎試著去找尋這個物相時，只會發現這個物相本身不可得。所以事相僅僅是因因緣而發生——只是依憑著一個強加附會的基礎所被冠上的名相。前面所說的第一層緣起，特別指的是合和的事相依憑因緣而發生的事理，所以只適用於無常、果報的事相；而其他兩層則常與無常的事項都可以適用。

當佛陀闡述十二緣起的時候，他是以宏大的角度提出，用意極深。他在《稻芉經❹》中詳細說明十二緣起。一如其他經典，這部經是佛陀回應弟子的問題所做的回答。在這部經，佛陀用三種方式來解說緣起法：

一、此有故彼有。

二、此生故彼生。

三、無明緣行；行緣識、識緣名色；名色緣六入、六入緣觸、觸緣受、受緣愛、愛緣取、取緣有；有，即業因種子，緣生；生緣老死。

---

❸名相：含有概念的名詞。

❹ sā lu'i ljang pác mdo, sālistambasñtra; p. 876, vol. 34.（校按：《佛說大乘稻芉經》，收於《新修大正藏》）。

當佛陀說：「此有故彼有」時，他說明了流轉生死的現象並不是憑藉著某一位永恆神祇的力量而產生，而是依憑著特定因緣而生起。也就是只要某一個因與緣和合，某特定果報便自然產生。

當佛陀說：「此生故彼生」時，他指出一個永恆的、未曾生出的事相（如數論❺派所謂的本性❻（general nature））根本無法產生果報，所以流轉生死現象所依憑的原本質必然爲無常。

這樣問題就來了：如果流轉生死是依無常因緣而生，是不是任何無常因緣都能製造生死流轉？並不是這樣的。這就是爲什麼佛陀在第三期──誤識（obscuration）說明並不是任何無常因緣都能製造生死流轉，因爲只有某一具有特定潛能的因緣才能產生某一特定事相。

在說明苦的緣起時，佛陀指出苦的根源在於無明。這個受到汙染的壞種子製造了業行，業行再於心識中種下流轉生死的業因；有了輪迴，也就有了苦。無明的果報最終表現在最後一支緣起「老死」的苦。

生苦與了苦——順逆向的十二因緣

十二緣起基本上有兩種解釋方法：一種是完全從苦的現象作觀察，另一種則是就純粹事相來說。在佛陀所說四聖諦❼（苦、集、滅、道）的根本說法裡有兩重因果：一重從苦況❽上說，另一重從純粹事相來說。因此，十二緣起也可以就苦況與純粹事相兩類觀點分別觀察過程。識、名色、六處、觸、受、生、老死屬於四聖諦中的第一論：苦締，是果報；無明、行、愛、取、有則屬於第二論：集諦，是因。從純粹事相來說，緣起十二支滅

---

❺數論是個非佛教的印度哲學體系，把存在分為兩類：純粹意識、大人（the person, puruśa）以及物質現象，其實根本是總攝原理，也稱為本性（fundamental nature）。雖然後者是恆常的，但數論派說由它生出各種物質現象。數論派是印度六派哲學中最早成立的一派，所以在佛典中有許多破數論派的記載。現今仍以獨立學派的形式存在印度。（校按：此派說法收於《大藏經》內，見《新修大正藏》五十四卷〈金七十論〉。）

❻本性：rang bzhin, prakṛti; spyi gtso bo, sāmānyapradhāna.（校按：prakṛti古漢文譯為「自性」；sāmānyapradhāna「共主」，指的是同一原理：生起一切的相本原理。）

❼有關以四聖諦為核心的一系列演說，見 *Dalai Lama XIV. The Dalai Lama at Harvard; Lectures on the Buddhist Path to Peace*（Ithaca; Snow Lion Publications, 1989）.

❽就苦況上來說，指的是入世間因果：這時，集為迷因，苦為迷果。如果就純粹事相來說，指的則是出世間因果：這時，道為悟因，滅為悟果。

屬滅諦，第三論，是果報；於緣起法能如實知見屬道諦，第四論，是其因。同樣地，當我們說十二緣起裡業行等是由無明而生，我們便是以苦果生成的原因來看；如果說業行滅是因爲無明滅，則是以實相來看。前者是苦的生成方法；後者是去除苦的方法。

十二緣起因此可以分別就其苦的形成過程，或是淨化的過程而作不同解釋；而每一過程又可分別以順向及逆向次第觀察。順向所見到的過程常依如下解釋：

「無明」緣生「行」；

「行」緣生「識」；

「識」緣生「名色」；

「名色」緣生「六入」；

「六入」緣生「觸」；

「觸」緣生「受」；

「受」緣生「愛」；

「愛」緣生「取」；

「取」緣生「有」，即業因種子；
「有」緣生「生」；
「生」緣生「老死」。

這一種禪修描述苦如何產生，所以是對於苦生成原因的說明。逆向❾的解釋則是：

有「生」才有我們不想要的「老死」的苦痛；
有「有」，即業因種子，才有「生」；
有「取」才有「有」；
有「愛」才有「取」；
有「受」才有「愛」；

❾ kun 'byung, samudaya.（校按：「集」諦）。

有「觸」才有「受」；
有「六入」才有「觸」；
有「名色」才有「六入」；
有「識」才有「名色」；
有「行」才有「識」；
有「無明」才有「行」。

這裡強調的是四聖諦的第一諦，苦諦：苦爲果。如果就淨化的過程來看，可以作如下解釋：

「無明」滅則「行」滅；
「行」滅則「識」滅；
「識」滅則「名色」滅；
「名色」滅則「六入」滅；

「六入」滅則「觸」滅；

「觸」滅則「受」滅；

「受」滅則「愛」滅；

「愛」滅則「取」滅；

「取」滅則「有」滅，即業因種子滅；

「有」滅則「生」也滅；

「生」滅則「老死」滅。

這種解釋是按事相淨化的過程而觀，強調的是還滅的因，道諦，第四乘論。從反方向來看，它的解釋是：

「生」滅才有「老死」滅；

「有」滅，即業因種子，才有「生」滅；

「取」滅才有「有」滅，即業因種子滅；

「愛」滅才有「取」滅；
「受」滅才有「愛」滅；
「觸」滅才有「受」滅；
「六入」滅才有「觸」滅；
「名色」滅才有「六入」滅；
「識」滅才有「名色」滅；
「行」滅才有「識」滅；
「無明」滅才有「行」滅。

這個淨化過程強調的是果，也就是四聖諦的第三諦：滅諦。

這些過程在分爲五道的〈輪迴圖〉❿裡有詳細的描述（請參見彩頁）。在流轉生死的輪迴裡，天人與阿修羅被歸爲一道，再加上人道，就是所謂的善道，畫在輪迴的上方。在下方的三圖格裡畫的則是三惡道：畜生、餓鬼以及地獄眾生。這六道都是以投胎種類的不同來說明不同層次的苦。

苦源自哪裡？

是什麼原因使這些不同形式的苦生起呢？這五個圖格所圍繞的圓圈，說明了這幾個層次的苦是由業行導致的業力所造成。它分成兩個半圈。右半圈的底色是白色，畫著向上看、往前走的人們，代表德業。德業又可細分爲兩種：善業和無記業⓫，這種業行是讓人得以投生人、天、阿修羅三道的原因。左半圈以黑色爲底，裡頭畫的人們臉部朝下，象徵惡業是迫使人墮入惡道的主因。

業力，這苦的源頭，又是從哪裡來的呢？它們來自更終究的源頭：貪、嗔、癡這三個根本煩惱，分別由最內圈的三隻畜生：豬、蛇和公雞表示。豬代表愚癡（無明）；蛇代表嗔恚；公雞代表貪愛。在其他版本的〈輪迴圖〉裡，豬口裡咬著公雞和蛇的尾巴，象徵無明是貪、嗔的根本。而公雞和蛇也咬著豬的尾巴，象徵無明與貪、嗔互爲增長。

---

❿ srid pác'khor lo cha luga pa. 此處圖畫分為六道，天人與阿修羅各據一道。

⓫ 無記業：無所謂善也無所謂惡的思想、語言、行動，例如想喝茶於是去倒茶，這思想行動便屬於無記。

就象徵意義來說，由內往外的三個圓圈，說明了貪、嗔、癡三個根本煩惱促成或善或惡的業行，再由於業行的造作產生六道輪迴生死流轉的痛苦。象徵十二緣起的最外一圈，說明了苦的源頭（也就是業行與煩惱）如何產生輪迴裡頭的流轉生死。持著巨輪的猛獸代表無常，這說明了何以這一頭猛獸顯現憤怒的樣子，雖然畫中的裝飾似乎並不是必要的。我曾經有過一幅〈輪迴圖〉，上頭畫著的是一副骷髏而不是猛獸，為的就是能更清楚地表徵無常的本意。

右上角的月亮代表解脫。左上角的佛陀指著月亮，代表眾生應當游過輪迴的苦海求得解脫。

至於這幅畫的歷史是這樣子的：在釋迦牟尼佛的時代，有個偏遠國家（校按：Kauśāmbi，憍賞彌，大約位在今日北方邦〔Uttar Pradesh〕的位置。）的國王名叫優填王，他送了一件鑲有珠寶的皇袍給摩揭陀國的頻婆娑羅王。後者沒有相同價的禮物作為回禮，因而擔心不已，便請問釋迦牟尼佛應當怎麼回禮。佛陀告訴他應該找人畫一幅上面有五道的〈輪迴圖〉，再附上底下這個偈子：

捨棄那而取這
遵循佛陀的教導
就像大象在茅屋一樣
破除死亡的力量
如果有智者
修持這個律法
將可以捨棄輪迴
從此不再有痛苦

佛陀交待頻婆娑羅王將這幅圖送給優填王。據說當優填王收到這幅圖並加以研究之後便隨即證道。[12]

---

[12] 這一個故事更詳盡的說明，請見 Geshe Lobsang Tharchin, *King Udrayana and the wheal of Life*（Howe 11, NJ: Mahayana Sutra and Tantra Press, 1984）, pp. 7-19.

在最外圈的十二個圖格象徵十二緣起。頂上第一個圖格，一個盲眼老人拄著拐杖，代表第一緣起「無明」（校按：本書〈輪迴圖〉的「無明」畫在最外圈底下第一格）。在這裡，無明指的是昧於事物眞相的愚癡。在佛教各個學派裡因爲有著四個主要的義理系統，而每個系統又各有分支，對於無明的解釋自然各有不同。所以不要說我們沒有時間討論所有的解釋，就算有，我也不見得統統記得住。

有一種無明指的僅僅是對於物相存在方式的無知，只是一種愚癡。然而在這裡對照十二緣起的脈絡中，無明指的是對於事物眞相作相反認知的錯誤知見。

無明是我們設法摒除的所有煩惱之首。每一種煩惱都有兩種類型：俱生煩惱和所知煩惱。所知煩惱的根柢在於缺乏正見，使得心識孕育錯誤的知見而造成新的煩惱。並非一切眾生都有這類煩惱，因此它不是迫害眾生的根本煩惱。正如龍樹菩薩在《七十空性論》中所說：

佛說即無明
衍生十二支

這個識體天生就誤認或錯執事相能依自力而存在，而非依因緣而生。

按這個識體對象的不同，無明又可分成兩類：觀察人而認其爲本有的人我執，和觀察事相而以其爲本有的法我執。這兩類識體通稱爲我執，分別誤認人中有我以及事相中有我。

人我執又可分爲兩種：第一種是覺知有個自己、有個我，便認爲我自己爲本有；第二種人我執比較粗略，因爲看見他人能自給自足而以爲他人有實質存在。前者稱爲「有身見」⑭或「薩迦耶見」（the false view of the transitory collection）。在前述的引偈裡，龍

⑬ stong pa nyid bdun cu pa'i tshig le'ur byas pa, śūnyatāsaptati kārikā; p5227, vol. 95; Toh 3827, Tokyo sde dge vol.1. 版本與翻譯，見書末書目。

⑭ 有身見：'jig tshogs la lta ba, satkāyadrstion.

樹菩薩指出對於五蘊短暫聚合（也就是流轉生死的根本）的俱生錯誤知見在於以爲一己爲本有，而這錯誤知見的生起，又必須架構在執身心聚集（也爲假名我的基礎）爲本有的錯誤見解上。這樣，以爲事相中有個自我的法我執，也成了執人本有這俱生錯誤知見的基礎，雖然這兩類見解都是認無爲有的無明心識。

當我們反思自己的貪愛與嗔恚時，我們發覺它們都是源於以我爲實質存在的觀念；有了這樣的觀念，就會生起自我與他人的強烈分別心；到頭來的結果是愛戀自己而憎厭他人。愛與恨都根植於過分強調的自我意識，不是嗎？

的確有個世俗安立，確認爲眞的我存在：那個業行的造作者、業因的積累者，還有那個因爲上述業因經歷或苦或樂果報的我。然而當這個我變成麻煩製造者，而我們檢視心識認知的模式時，我們會發覺這個自我任命的我實際上只是事實眞相的誇大認知。當這個我出現在心識之前，它並不是以依靠身心和合的假名存在現身，相反地，它就像是有獨立存在的個體。如果它果眞有如此堅實而獨立的存在，那麼當我們以中道[15]的思維模式[16]檢驗時，眞相應該會愈來愈清楚。然而結果正好相反，你愈是檢視它愈是不清楚，以至最後了無可得。如果它眞是那般具體而獨立，應該能夠經得起分析。找不到「我」這件事實說明了「我」並不存在，存在的頂多是對於眾緣和合所給予的假名。儘管如此，對於心識來說，這個假名的存在似乎可以具體地找出來；問題是，一旦我們承認這個假相是眞的，麻煩也就跟著來了。

看似眞實的具體表相和自我了無可得的眞相間的矛盾，說明表相與眞相的差異。物理學家對於表相和眞實的差異也做了類似的區別。

在我們自己的經驗裡，我們能夠找出不同類型或層次的欲望。當我們在商店裡看見一件物品而對它產生欲望時，那可算是初階的欲望。但當我們買了它然後覺得「這是我的」的時候，這是另外一個階段。它們相似之處在於兩者都是渴愛，不同之處只在於它們的強度。

我們有必要區分三個不同層次的表相與認知。在第一層上，當僅有表相和僅有對物品的認知發生時，物品僅僅只是出現，不會產生欲望。當我們覺得「嗯，這眞是不錯啊。」

⓯ 中道：不偏於空，也不偏於有，不落於空有兩極。

⓰ 思維模式：見 *Meditation on Emptiness* 中對五種思維模式的說明。

而且欲望也產生的時候，這便屬於另一個層次的表相和對物品的認知。當我們決定買下這件物品而擁有它，像自己的東西一樣珍惜時，這就是第三層的表相和認知了。

在物品僅有存在表相的第一個層次裡，這物品並不像是本有存在，這時候的心識和物品之間沒有強烈的牽連。到了第二層，對該物品的欲望被誤認其爲本有的無明所引發。有一個微妙層次的欲望，可以和這個錯以物品爲本有的識體同時間存在。但是一旦欲望轉強時，這個事物本有錯覺就會變成欲望的成因，引發更多欲望，但是不再和欲望同時存在。從你自己的經驗裡，你必須能瞭解到：

- 在第一層裡，物品有著本有存在的表相。
- 在第二層裡，有個識體承認這個表相的存在，認其爲本有，從而產生欲望。
- 在第三層裡，當我們買下這個本然令人歡喜的物品，把它當作自己的，這物品就開始和強烈的我所有觀念有所牽連，這觀念讓我們對這件物品敝帚自珍。

在這過程的最後階段，兩股強而有力的執著，對本然討人喜歡物品的執著和對自己的執著，就這樣匯流在一起，讓欲望比往日還要更加熾盛。你可以反省看看這是不是實情。

憎厭也是一樣。對於某個物品的覺知，最初的經驗包括對該物品某些特質的習慣性認知。舉例來說，看見某件不好的事物，也認爲那是件不好的事物，然後當你一想「這眞是討厭」開始產生厭惡之心時，就到了第二層。要是這份憎厭和自己有關，它就會增強；如果認爲這件事物對自己有潛在威脅時，更強的憎厭就會產生。

所以誤認事物爲本有的無明會助長欲望與憎厭。這樣說來，我們所有的麻煩都肇因於這隻豬！巧的是在西藏曆裡，我的生年正好就是豬年！

這就是誤識——無明成爲其他煩惱根源的方式。這個無明識體無視於事相的存在方式，所以在圖裡以盲眼人代表。此外，無明的本質脆弱是因爲它缺乏有效的認知基礎，所以以盲人拄杖跛行象徵。其實無明畫在圖的底部較爲適當，可是實際往往畫在上方。

善惡與苦樂——種瓜得瓜，種豆得豆

依憑這樣的無明，十二緣起的第二因緣，行，就這樣產生。行也稱爲作業，因爲它能

造作或導致樂與苦的果報。它以陶匠⓱象徵。陶匠取土揑陶揑出新的器皿；同樣地，行也會啓動一個過程導致新的結果。還有，陶匠一旦啓動轉輪，不需要多花力氣，轉輪自然會持續旋轉，愛轉多久就轉多久。同樣地，有情眾生一旦造業，就會在心識裡種下習氣種子（或者如應成派⓲所說，該業行會產生一種的分解狀態），而這份習氣（或是分解狀態）一直都能橫行無阻，直到產生果報爲止。

從業行的結果，投生欲界、色界、無色戒⓳三界的果報來看，可分爲德業與惡業兩業，而得業又可細分爲善業與無記業。從善的造作方式來看，可分爲身、語、意三業。就業的體性來說，有思業⓴與思已業㉑兩種。另外，業還可分爲定與不定二業，以區別果報種類與感果確定與不確定被感知。前者的感果時間又可分爲今生、下一生及未來生。

另外，業行又可分爲引業與滿業。如果我們拿人道當做例子，引業是就總體來說，能招致投生的果；滿業則像是補滿圖畫空缺部分一樣，爲能召感種種差別相的業果。也就是說，它所召感的是細節的部分，像是貧賤美醜等等。讓我們再以一個多病的人作說明：就像所有其他人一樣，他能生爲人身必然是由於善的引業所感召；然而使他體弱多病的原因卻是因爲惡的滿業。相反的情況也可能會發生，像身體健康的畜生，它們的引業必然爲惡，而滿業必定爲善。當然也有些情況是引業滿業同爲善或同爲惡。

業的另外一種分法是區分爲思而作、思未作、未思而作、未思未作等四種。此外，業也可分爲㉒：㈠思善行善；㈡思惡行善；㈢思行皆惡；㈣思行皆善。最後，業行還有共業㉓、不共業㉔的分別。

---

⑰陶匠：要是造得好，陶匠的轉輪可以旋轉甚久。

⑱應成派：the Consequence school, Madhyamaka Prāsaṅgika，藏傳佛教中中觀派的一個思想派別，以應成的破式，指出對方的內在矛盾，破除「自相」存在。著名學者有佛護（Buddhapālita）、月稱（Candrakirti）、寂天（Śāntideva），又稱為隨破派、歸謬派。

⑲欲界、色界、無色戒：欲界、色界、無色戒合稱為三界。欲界是有飲食、男女欲望的眾生所住的世界。色界是沒有飲食、男女欲望，卻還有色相的眾生所住的世界。無色界則是連色相都沒有，只有微妙心識的眾生所住的世界。

⑳有思業：bsam pa'i las。

㉑思已業：sems pa'i las。

㉒業：在哈佛的演講中，達賴喇嘛舉了如下的例子：第一類的例子如有意殺死一隻蚊子，我們早假定有一隻昆蟲干擾你，你很想殺它，可是有人讓你分心，在這情況下，你累積了行業的動機，但未執行；這是思未作的業，未思而作的例子是揮手就打死一隻蚊子，雖心中無此意圖；你殺了它，但無意如此；第四類是既沒有動機，也沒有實行。

㉓共業：引生眾人共同受用環境的業叫做共業。

㉔不共業：引生個人所受果報的業叫做不共業。

業因如何累積呢？舉例來說，某一特定動機可能導致某些身與口業。良善的動機會產生和言愛語以及溫和動作等，因而累積善業；我們可以馬上感受到一股祥和友善的氣氛產生。相反地，怒氣會導致惡言惡語以及粗爆的口業與身業，氣氛立即令人覺得不愉快。不管是哪種情況，業因產生的背景都是肇因於對事物終極眞相的無明；這就是業因的第一階段。但業行完畢，會在心識裡種下一種潛能，或稱習氣種子，而心識的連續體就會一直攜帶這個種子直到業因結果爲止。這樣，業行不但能立刻見到果報，還會種下習氣種子，產生未來的樂果或苦果。

業的區分方式和其所對應的種類

區分方式	業的種類
(一) 果報	德業（善業和無記業）、惡業
(二) 造作方式	身業、語業、意業
(三) 體性	
(四) 受報種類與受報時間的確定性	定業、不定業

㈤業果的總體或細節	引業、滿業
㈥思和作的關係	思而作、思未作、未思而作、未思未作
㈦思行與善惡的關係	思善行惡、思惡行善、思行皆惡、思行皆善
㈧衆人共同或個人分別	共業、不共業

這就是無明（第一緣起）牽引業行（第二緣起）的方式，業形再於心識（第三緣起）種下未來果報的種子。心識是用一隻猴子來象徵。佛教各學派對於心識的數目有幾種不同的說法，有些學派認爲只有一種心識；有些說六種；有些說八種；還有另外一些說法是九種。雖然大部分都同意心識有六種，〈輪迴圖〉裡畫的卻經常是一隻猴子從一扇窗戶盪到另一扇窗戶，跑來跑去；這圖原本大概是根據只有一個心識的說法而來。當這個單一心識用眼睛來感知，就成了眼識；用耳朵就成了耳識；依此類推，則鼻識、舌識、身識都有了；然而就像是遊蕩在各個窗戶間的猴子，識體卻只有一個。然而無論是哪一種說法，猴子都是聰明好動的動物，因此很能代表識體的特質。

有個問題是，業因與果報之間可能會間隔相當長的時間，但是不論佛教的哪個宗派都

肯定業因不會消逝，所以在因與果之間一定會有某個東西聯繫著。對於是什麼東西聯繫業因與長遠以後發生的果報，佛教各個宗派有不同的解釋。其中最好的解決方法是由應成派所做的解釋如下：所有的學派都指出，不管是業行造作或是果報承受時，都有一個人存在，所以一定有一個因緣而生、假名爲我的連續體存在，要有這個延續體才有地方接受業因產生的習氣[25]種子。任何學說要是無法提出類似的連續體以承接習氣，就必須能找出一個獨立存在、能接受習氣種子注入的基礎。這就是爲什麼唯識學派[26]提出阿賴耶識[27]以爲承受習氣的基礎。然而應成派此一最高體系卻沒有這個問題，因爲這學派認爲習氣延續的基礎在於我這個人，而接受習氣的臨時基礎就在心識。

就這樣，緊接在業行造作之後，會有段時間處在分解、行業止息的狀態，然後再轉成習氣種子種入心識之中。從這一刻開始一直到新生命初始之前的這一段心識，稱爲因期的因識或簡稱因識。再下一刻，當與新生命的聯繫完成時的心識稱爲果識。就時間長度來說，果識延續的時間只從該一時刻延續到名色生起的前一刻，所以時間上非常短暫。

至於名色，名指受、想、行、識等四個精神範疇的聚集，色（form）指物質現象的聚集。在插圖裡，名色以人乘船表徵：在其他版本的〈輪迴圖〉裡，則是以互相倚靠的柱子象徵。後者源自於一本唯識經典，該典說明：㈠心識、㈡阿賴耶識和㈢境三緣如同鼎的三足，相互扶持。在我們的說明裡，船象徵色，船裡的人是精神範疇的聚集。在胚胎的發育期間到五官長成之前都屬名色。

問答錄

問：可否請您說明觀察修的兩種類型？

答：觀察修和止住修都可以再細分爲兩種類型。觀察修的第一種類型，觀修的對象是個事相，像觀修無常；第二種類型則是讓自己的心識產生某種心理狀態，像是專注培養慈

㉕習氣：當一個行為即將結束時，它會在心識中注入或置入一個習氣潛能（功能），而行為和置入心中的習氣都稱為業（Karma）。

㉖唯識學派：認為所有的一切事物都是心識變現出來的思想學派。

㉗阿賴耶識：kun gzhi rnam par shes pa, ālayavijñāna，心識名，是八識中的第八識，八識是眼、耳、鼻、舌、身、意、末那、阿賴耶。又譯為藏識，藏字有三個意義：能藏、所藏、執藏。能藏是指阿賴耶識能含藏一切法的善惡種子，所藏是指阿賴耶識被前七識薰習的雜染法所覆藏，執藏指阿賴耶識被第七識執為自內我。

愛的心態。當你觀照無常或是空性，你把它們當作是心識的一個客體，但是當你「觀照」信仰、「觀照」慈悲時，你觀照的並不是它們的性質，而是讓自己的心識變成虔誠或慈悲的心識。

問：檢視分析事相有哪幾種方法？

答：佛教義理中有四種方法檢視事相。第一種是檢視事相所具有的功能，像是火能生熱、水能潤濕等等。第二種是根基於有效證明的推理而作的檢視。第三種檢視的是依存關係，譬如因果。第四種是檢視事相本質的一種思惟，以找出事相的原貌。我認爲有許多的事相必須以第四種的理性探究當作思維方法，也就是事相所以這麼呈現的本質。這讓我突然想到，這類型的思維也能夠用來說明業因果報的課題。舉例來說，如果一個人傷害另一個人，那麼因爲這個行爲的本質是使某個眾生受傷害，所以結果自然是這個傷害會回過頭來報應在自己身上。同樣地，因爲幫助其他眾生的本質是利益他人，所以回報己身的結果也是利益自己。

還有，如果有人問爲什麼心識有能經驗物相的特性？或者問物理事相爲什麼是物質？

他可以去探究它們個別的實質生成原因以及助緣。但要是我們把問題追根究柢思考，答案可能僅僅只是，心識的本質原本就是經驗體。要是有人斷定說心識有個起始，這樣的立場就很難經得起理智的打擊，這就跟主張一個發光發亮的認知體有個不會發光發亮的認知源頭一樣的謬誤。既然這樣的立場有這麼多矛盾，我們最好還是採取心識沒有起始的立場。

至於物質分子，固然在物質產生的過程中，心識可能扮演助緣的角色，然而它的實質原因還是必然為物質，因為只有物質的同類才能產生物質。就以銀河系、這個包含億萬個世界的天體來說，在傳統的佛教說法裡，有成劫、住劫、壞劫、空劫㉘四個階段，這四劫不斷流轉沒有盡頭。我不知道在成劫裡製造分子的物質在空劫裡是否依然存在，或許時輪系統㉙所說的空間的分子指的就是這個。縱使大爆炸（Big Bang）發生後已經過了五、六十億年的時間，還是有必要對爆炸發生的前因有所解釋。

㉘成劫、住劫、壞劫、空劫：合稱為四劫，是佛教的宇宙觀中，由一個世界的生成、持續、逐漸崩壞到另一個世界的生成、持續、歸於虛空的過程。

㉙時輪系統：主張觀察宇宙的結構與活動，並控制與其相對的人體部位而達到究竟合一境界的學派。

從另一個觀點來看，有一些瑜伽行者修持所謂的土大、水大等觀修境界，他們所觀修到的只有水或僅僅是土。其實，藉由瑜伽的力量所產生的現象無遠弗屆。舉例來說，縱使我們必須承認（物質）堅性的存在，卻無法以堅固性說明物質的所有特質，以及它所存在的一切狀況。堅固性的特質必須在特定狀況下才能存在。

問：請告訴我們您對於「我」，也就是自己所下的定義。

答：那些並不相信前世今生的人可能不太會注意自我的本質或實質是什麼；然而相信的人對於這件事又有不同解釋。許多非佛教的理論主張有個永恆的自我在生生世世裡不停流轉，他們會這麼主張，是因爲他們見著有些東西從一生過渡到另一生，而身體很明顯地並沒有辦法這樣持續。他們無法主張有任何東西既不恆常，又能夠一生延續至另一生，所以他們只能斷定有一個恆常、單一，而且獨立的自我，能夠從這一生遊走到下一生。

在佛教理論裡，「我」被安立的，但和上述「我」並不一樣。較低階的佛教宗派覺得我，也就是我自己，應該能夠安立用來分析，所以主張從身心五蘊的無常聚集裡必定要認定某個東西爲我。有些學派認定是心識；有些主張是阿賴耶識；還有些以爲是五蘊的連續體。然而佛教各宗中最高的應成派，卻認為人只是依憑著身心聚合的假名存在，分析後並無有是處，就像一部車子是因著它的組成部分而強附以名，在它的所有零組件裡根本找不到有個叫作車子的東西。所以，不僅我是因緣假名存在，所有的現象也都一樣，就連空性、佛性、所有一切事相都是因緣假名存在。

問：聖座，可不可以請您談談五蘊和五大的關聯？

答：首先我們得知道五蘊是哪五蘊：它們分別是色、受、想、行、識。色蘊有粗有細；像我們的血肉身軀等物質屬於較粗糙層次的色蘊，而較為精細的色蘊則像是無上瑜伽續裡所描述的各種氣，也就是內在的能量等物質。在密續裡有多種說明，解釋身體基本成分的動作與經脈中的內在能量如何聯繫，藉以產生各個不同層次的心識[30]。

[30] 心識：不同層次心識和死亡過程之間關係的對話，見 Lati Rinbochay and Jeffrey Hopkins, *Death, Intermediate State, and Rebirth in Tibetan Buddhism*（Londrn: River, 1979; rpt. Ithaca: Snow Lion, 1980）.

剩餘的四蘊又稱爲「名的基礎」[31]，它們是受、想[32]、行、識。受蘊和想蘊指感覺和分別的心理功能，有別於其他的心理功能。在《正理藏論》[33]（*Treasure of Manifest Knowledge*）中，世親[34]菩薩說明之所以會有這個區別，是因爲分別心是所有爭執的源頭：有了分別就有了執著愛樂厭苦的煩惱，有煩惱就有了輪迴。第四蘊行蘊有兩種主要類型：與識有關和與識無關的行。通常我們講到眾生時，他們都會有五蘊，但是在無色界的眾生卻只有屬於精神範疇的四蘊。然而從無上瑜伽續的觀點來看，這只是粗色的觀點。

最基本的物質有四種：地、水、火、風。第一種雖然名爲「地」，實際上最主要指的是物質的堅固性與障礙性。「水」指的是物質的流動和濕性。「火」指暖性和熟變力。「風」就較粗淺的層次來說指我們的呼吸，但就較細微的層次來說，主要指的是促成發展和改變的能量種類。舉個例子來說，在時輪系統裡就提到，即使是死屍，體內還是會有風在內作用，因爲屍體的變化仍然持續著。四大之外多出的一大指的是空。就身體來說，指的是內腔和經脈。時輪系統還提到空中的微粒子，同樣地，科學家們也論及作爲其他現象基礎的空中細微分子。

這就是五蘊和五大。如果對這個題目你還有其他問題，請發問。

問：既然所有表相和所有生命都只是幻象，那麼像您說過表相有著不同層次，這說法是否有所牴觸？

答：並不是說生命「是」個幻象，而是說生命「如同」幻象，所以我們才能說事物的表相與眞相之間有幾種不同程度的衝突。舉例來說，實際上無常的事物可能看起來像是恆常。而有些時候，製造痛苦的罪魁禍首我們卻可能當它是快樂的泉源。這就是事物的表相與眞相之間可能會有的衝突。至於最究竟的眞實，看起來本有的事物實際上並不是本有，這又是表相與眞相之間另一個層次的矛盾。

---

31 名的基礎：ming gzhi.（校按：名基）。

32 受和想是五十一心所有法中的兩項。見 *The Dalai Lama at Harvard*. pp. 75-76. chos mngon pa'i mdzod, adhidharmakósa；第三章。版本與翻譯見書末書目。

33 《正理藏論》：這為藏譯；漢譯為《阿毘達磨俱舍論》，收入《新修大正藏》二十九卷〈毘曇部二〉，有南朝真諦和唐代玄奘兩種譯本。

34 世親：或譯天親，西元四、五世紀時的印度學者，著有大小乘論著多部。

問：相信與不相信和無明又有什麼關係？

答：我們大部分都相信物體本有，認爲它們似乎是自己獨力存在著，而且我們也相信它們是如此存在著。這種相信就是無明引發的。

問：欲望什麼時候是因？什麼時候是果？

答：欲望可以是後來欲望的因，而那些後來的欲望就是原先欲望的果。

問：如果某些業力習氣已經在心中成形，我們一定會無法避免地完成它呢？還是有其他方法可以避免？

答：如果你可以製造一種境緣比原本就要引發業力現前的境緣更爲強大時，業行是可以被阻止的。舉例來說，藉由坦白自己的惡行、發心懺悔，和以淨化惡業爲目的而修行善業，你就可以淨化惡業，至少，你可以減弱它的力道；這麼一來，就算是牽引果報的因緣現前，果報也不會起現行。

2
被無明迫使的生命

苦從何來——受苦的因緣業力

讓我們繼續來說明十二緣起。第五支緣起是六入，也就是位於體內驅動心識的感官：眼、耳、鼻、舌、身、意。圖中用一間空屋表示，這是因爲這些器官雖在發育之中，但是還沒能發揮功用。就像空屋一樣，能夠讓六識起作用的外在條件正在開展，但是內部功用還無法起動。

六入之後爲觸，第六支觸指的是根、境、識三合時，能夠辨別物相爲苦、樂、或捨的心理狀態。境指色、聲、香、味、觸以及不包含在這五境內的其餘事相；根指六根，即眼、耳、鼻、舌、身、意。當根、境以及充當次第緣的前一意識同時出現時，識就會產生；這時觸即刻會分別該物相是苦、是樂、還是捨。

識通常依憑三緣俱足而產生。第一種緣稱爲所緣緣❶，指能夠引識生起的對象。第二種緣稱爲增上緣❷，這類因緣能讓心識只緣與其性質相同的物相，例如眼根只能緣色而無法緣聲。另外，心識之所以爲經驗體是因爲念念相續，有前念才有後念的緣故；這就是第三種緣，稱爲等無間緣❸。

「觸」指遇境而生起分別心，所以用吻來表徵。「受」緊接在觸之後發生。

第七個緣起「受」，是在「觸」決定某個物相爲苦、樂、或捨後，能夠經驗苦、樂、捨等感受的心理過程。根據一派的說法是，「受」涵蓋的範圍很廣，小自苦樂的最初體驗，大至情欲高潮的愉悅都是。「受」以一隻遭劍刺穿的眼睛表徵，那是因爲眼睛極爲敏感，即使小小異狀都能夠讓它有強烈感受。同樣地，不管是哪一種感受，苦也好，樂也好，我們都很難不受動搖。它的高效率不斷驅動著我們：愉悅的感受會驅使人想要更多，痛苦的感受會迫使人盡力躲避。

第八和九兩個緣起，也就是「愛」與「取」都是欲望的種類，它們不同的地方在於「愛」的程度較「取」爲弱。愛還可再細分，細分方法又有很多種。舉例來說，欲求的愛和欲界有關；想要破壞的愛（衝動）是種想遠離痛苦感受的希求；而對於色、無色界的愛

❶所緣緣：dmigs rkyen, ālambanapratyaya.
❷增上緣：bdag rkyen, adhipatipratyaya.
❸無間緣：de ma thag rkyen, anantaryapratyaya.

又稱爲執著俗世生命的愛。

「愛」以一個啜飲著啤酒的人象徵。這應該不難懂吧？雖然你很清楚啤酒會讓你發胖，而你並不想要發胖，卻仍然繼續喝，不停地喝。愛是種心理現象，會使你增加欲望，卻不會讓你滿足。

「取」指對於欲求的事物內心裡的強取，用猴子摘水果來表徵。取有四類：㈠欲取，對於五欲的追求；㈡見取，對於自身的謬解；㈢戒取：對於放蕩生活的迷戀；㈣我語取：對於其餘錯誤見解的馳求。這些種類的取可以用來描述在家人，也可以拿來說明一些雖然出家禁欲卻有錯誤見解的出家人。其實取的種類要比剛剛所說的四種還要更多，舉例來說，要是有欲界眾生㈠暫時戒欲而且㈡具有正見，但是卻㈢求生色界、無色界，他一定要能夠累積足以使他投生於該界等的業因，所以他一定對於該類生命有所取求。前述的四類「取」並不包含這樣的例子，所以不算詳盡。所以也有人認爲這種分類純粹是爲了駁斥謬說，目的並不在詳細解說。

憑藉著名色、六入、觸以及受，隨之而生的是依戀歡愉、厭離痛苦的愛執。當這種愛執不斷地重複產生，而且愈來愈強烈時，便構成了對於像是悅人的形本、聲音、香氣、味道以及具象物品等種種欲求對象的求「取」。這樣子的愛與取，會進一步讓心識裡因爲先前無明所造業牽引的業力更加盈滿，就這樣成就了欲界裡的一個新生命。當該業力，也就是薰入心識的習氣，爲愛與取所滋養而足以製造來生生命時，就成了第十個緣起，也就是所謂的「有」。如此蓄勢待發的業力在這裡本來指的是苦果的肇因，但因爲它將會產生未來會「有」的果報，也就是輪迴苦海中再一次的生死，所以用「有」來取名。就應成派來說，「有」最可能指的是業力蓄勢待發的分解狀態，它本身就能夠生起作用、製造來生。

象徵第十緣起的圖格畫的是一位懷孕的婦女。這時候能夠牽引下一生的業力雖然還沒有起現行，卻已經蓄勢待發。同樣地，一位產期將屆的孕婦子宮內的嬰孩也已經全然成長，就只等待著出生。第十緣起持續的時間從業力飽和起一直到新生命的開始爲止，這個階段按照它的時間前後又可細分爲二：第一個階段稱爲「死有❹」，因爲它的有是導向於下一生；第二階段稱爲「中有❺」，因爲它指的是處於兩生中間間隔時期的業力。

---

❹死有：zhol ba.

❺中有：zhugs pa.

第十一緣起是因緣而起的「生」，以婦人產子表徵。在前一格畫裡所見到的婦人腹中的嬰孩，現在有了不同狀態。

第十二緣起是因緣而起的「老死」。老有兩種：第一種稱爲「漸進式的」老，因爲人們從母體一受孕開始就已經開始老化；而老化的過程無時無刻不在進行之中。另外一種稱爲「退化」，也就是一般老年的退化現象。

「老」之後「死」。老死之間常見悲傷的哭喊以及多種苦痛，像是求不得苦、怨憎會苦等等。

探究無明——超越痛苦的第一步

我們的生命始於生苦，終於死苦；生死之間還會間雜有多種不同過程的老化，以及發生許多不幸的事情。而這就是四諦之首，苦諦；就是令我們厭惡、要想克服的難題。要緊的是，我們得先研究看看是不是眞的有方法能夠超越苦痛。爲了得到解答，我們就得去探究痛苦生成的原因是什麼。這就是我們爲什麼要去探詢以無明爲首的十二支因緣的原因。

當我們研究過任何我們目前經歷的痛苦類型，總會發覺它們的根源都在無明。只要無明存在，任何時刻我們都會不斷造作生死輪迴的業行。由於業因果報的循環，我們早已在意識流裡種下無盡的習氣，而這些習氣正是因爲無明造業所種下的業因。即使就在這個時候，我們心識裡都還藏有無數能夠產生未來生的業因種子。

直至目前爲止，我們所討論的都還只是起始於無明、單單一輪循環的十二緣起。這裡我們可以看到其實還有其他輪循環的十二緣起也同時正起著作用，這是因爲其他的無明也會引發其他輪循環的十二緣起。除此之外，各輪十二緣起循環之間又必定互有聯繫。舉例來說，第一到第三支緣起無明、行、識能牽引製造來生的業力，但是第八至第十緣起愛、取、有卻必須發生於識（第三緣起）與名色（第四緣起）之間，才能讓心識產生以名色爲代表的下一生。另外，既然第十緣起「取」代表能導致「生」的滿盈業力，在「生」的緣起時，另外一組的名色、六入、觸與受也就會又開始了作用。同樣地，必須發生於第三和第四緣起之間的愛、取、有也必須緊跟於其各自的名色、六入、觸、與受之後。就這樣，在緣起現行的時候還會有另一循環的十二緣起介入。所以說，單一循環的十二緣起必然與其他循環的十二緣起互有牽連。

十二緣起始於無明終於老死，看起來似乎有始有終，然而正因爲有著不只一輪循環的

十二緣起彼此作用著，所以除非除去無明，否則輪迴永無止盡。在無明未除之前，沒有任何方法可以終止這個無盡的循環過程。

讓我們也來看看畜生、餓鬼、地獄三惡道的緣起過程。首先，在過去生中會有個根本無明，也就是對於事物存在眞相的無知，然後還會再加上對於因果循環缺乏正確知見的一般無明。這兩者是股驅動的力量，會使人製造惡業，在心識裡種下習氣種子，這股習氣於是就成了淪墮惡趣的業因。這股牽引因會起現行，或由愛、取所滋養變成蓄勢待發的「有」。使人淪墮惡道的牽引果報（果識、名色、六入、觸與受）以及生起果報（生與老死）就是這麼產生的。

如果我們再看看人、天、阿修羅三善道的緣起過程，你會發覺他們和三惡道一樣，也有著昧於事物存在眞相的根本無明；不一樣的是他們所造作的業行，像是不殺生等等，都屬於善行，而且事事以利益他人爲動機。這樣的善行會在果識中種下來生高貴的業因。而這份牽引因會起現行，就是會被愛、取所強化盈滿而變爲「有」，進而產生來生高貴的牽引果與生起果。

我們可以拿這種省思眾生如何輪迴於流轉生死之中的方式，當作一種增進慈悲的技巧。禪修的各種方法也因此可以同時從兩個角度出發：一個是觀照「自我」的十二緣起以培養出離❻輪迴的願力，另一個則是觀照「他人」的十二緣起以增進慈悲。

這就總結了我們對於十二緣起爲輪迴流轉生死過程的討論。

假名緣起——暫存的意義組合

緣起的另一種模式是依憑事相的組成部分安立，一切所有的物相都是組合物。有形體的物質以具有方向性的成分組成；而像心識等沒有形體的物相則是以時間性的成分，也就是使意識相連續的前念與後念，組合而成。假設眞有較大型的建物是以非組合而成的物相當作基石，我們會連前後左右等方向都無法辨別。分辨不出前後左右，那麼不管我們堆疊多少這樣子的物質，除了該物質原來的大小之外，它們所具有的其他性質我們根本無法分別，當然也不可能堆疊。但是大家都知道，物質是由細微分子聚合而成，所以不管分子如

❻出離心和慈悲心是佛法修行最重要也是最基本的兩種發心。

何細微，必然都有方向性成分。按照這一邏輯，我們可以確定沒有任何物相不是由組合而成。

同樣的邏輯也適用於連續體上：如果一個時間連續體的最小組成單位，其本身不能再細分成相續的前念與後念，就不可能聚合而成為一個連續體。也就是說，如果一個剎那不能再細分成為相互連接的更細微單位，這個不可分割的剎那也不可能聚合而成為時間的連續。對於不變的物相，像是非複合空間等，同樣會由左右空間組合而成；最小的物質也是這樣，也應該是由比最小物質還小的部分組合而成。以此類推，則任何恆常、無常物相都是組合物。

問題是就算一個整體只是依附著它的組成部分假名存在，當它們出現在我們心識前面的時候，這個整體卻儼然有它自己獨立的個體，而它依憑的組成部分卻變成「它的」成分。事實不就是這樣子嗎？雖然彼此相互依存，看起來卻好像有著自身獨立的存在。

所以整體與部分的表相和它們眞實的存在狀況是有差異的：看起來像是獨立的個體，事實卻不然。當然，這並不表示沒有任何事物是以整體而存在著的，因為如果沒有整體，我們便不能說某個東西是某個其他東西的部分，因為所謂的整體其實是對應於其部分的相對說法。所以說整體是有，但是其存在方式是依憑其部分的假名存在，而且這是它存在的唯一方式。這不只適用於變化無常的事相，也適用於不變恆常的物相，所以比起前面對於緣起局限於因果事相的解釋，在範圍上要寬廣許多。

緣起性空——既非真有亦非虛無

緣起有著深遠的意涵，它暗示著要是有人不滿於事物的表相，而希望透過廣泛的分析能找出假名所依存的實在事物，那麼無論是在假名所依的基礎上，或其他任何地方尋找，他都沒辦法找到他所謂的實在物。讓我們以這個「我」來當例子說明。這個我是身心的控制者也是使用者，而身心則是這個我所使用的物相。這個我與身、心的確都存在，而且也沒人能否認它們各自有各自的功能。這個我就像是主人，而身心則隸屬於它。我們可能會說：「我今天身體不太對勁，所以我累了。」或是說：「今天我身體狀況不錯，所以我感覺很舒服。」類似這樣的種種說法都還說得通，但是對於自己的手臂卻沒有人會說：「這是我。」儘管這樣，當我們的手臂有了疼痛，我們還是會說：「我好痛，我覺得不舒服。」話雖然是這麼說，但是這個我和這個身體顯然不同，這個身體是隸屬於這個我。

同樣地，我們也會談到「我的心」或是「我的意識」等等，像是當我們覺得「我的記憶力眞糟糕，大概有點不對勁」的時候。我們甚至會和自己的意識或自己的記憶對立，不是嗎？我們會這麼說：「我要加強我心智的敏銳度；我要訓練它。」在這裡，我們的心識不但是訓練師也是受訓者。當這個心識桀驁不馴，不肯按照我們的指示聽命行事時，我們就像是這顆心的訓練師或老師，而這顆心就像是桀驁難馴的學生，我們一定得訓練好它，教它服從。我們這麼說，也這麼想，而這也符合事實。

就這樣，身體與心識都隸屬於這個我，我就是主人。然而在身、心之外，並沒有另外一個獨立的個體叫做我。各種跡象都顯示有個我存在，然而只要一經檢驗，卻了無可得。舉例來說，達賴喇嘛這個我的範圍必然局限於我這個身體以內，你不可能在其他地方找得到它，這點可以確定。但是，要是我們在這個範圍內找尋眞的達賴喇嘛、眞的丹增嘉措，除了這個身體和這個心識之外，這個我並沒有眞正屬於自己的實體。儘管這樣，這個達賴喇嘛是個事實，是個人，是個和尙，是個西藏人，能講、能喝、能睡，還能享受人生，難道不是嗎？這就足以證明即使有個東西我們找不著它，它的存在是依然可能的。

這個意思是在假名我的基礎上，我們找不到「我」，或是能夠說明「我」的事相。但這難道就表示我不存在嗎？不，不是這個意思，這個我的確存在。但既然我們在它必須存在的地方，也就是它假名的基礎上找不到它，我們就必須這麼說：它的存在並不是依靠著自力，而是必須憑藉其它的因緣才能形成。它只能夠以這種方式存在，沒有其他方法。

在這個假名我成立所依憑的許多因緣裡，比較重要的是幫它取名的名相。有人說這個我以及其他物相的存在，就是透過這種名相才得以成立。這樣一來，緣起指的就不僅僅是「依憑因緣而起」或是「依憑牽強附會的基礎而為假名」，也可以指「依憑能強附假名的識知體而生起或賦予假名」。

所以在「緣起」這個名詞中所說的「緣❼」，指的是對於其他因素的依憑、倚靠。任何事物一旦得依賴他物，就不能算是以自力生存，也就沒有所謂的獨立個體。然而，它確實依條件而生起。不管是好是壞、是因是果、是自我還是他人，所有事物都必須憑藉著其他因素才能發生，也就是只能依緣而生。正因為必須仗緣而生，事物因此沒有能夠依著自力就能生起的自體。在這種定義下，事物不能說是不存在，因為幫助與傷害既依因緣而起而存在，它們的業行當然也會有後果。所以，業行的因果報應該說得通，因果的基礎，這個「我」的存在也同樣說得過去。一旦能夠理解這一點，我們就不致於擁抱誤以為一切都

是虛無的邪見了。

依憑名相而生起也是緣起的意義之一，而且是它最為微妙的意義。當今物理學家解釋，物相不僅自身客觀地存在著，它們的存在也和認知者，也就是觀察物相的人有所關聯。（校按：指海森堡測不準定律的哥本哈根解釋。）

佛法與科學——當東方遇見西方

我覺得這個物質和心識彼此之間關係的課題會是東方哲學，特別是佛教教理，與西方科學❽能夠有所交集的地方。我認為這會是樁不會離婚的美滿婚姻！如果我們能集合佛教學者（不光是學者，還包括有觀照體驗的那些人）和純粹、沒有偏見的物理學家共同努力，來探求、研究、致力於物質和心識彼此關係這個領域的深層探索，我們或許能夠發現一些有益的美麗事物。我們不見得要將這件事視作宗教的修行，可以純粹以拓展人類知識為目的來看待它。

另外，研究人類腦部神經學的科學家也能從佛教對於心識的解釋中得到助益：像是心識如何運作、如何在不同層次中變動等等。前些時候，我問過一位神經學者關於記憶的運作方式，他說他們還沒有找到一個具體的解釋。所以我認爲，在這個領域裡我們同樣可以一起努力。有些西方的醫學專家學者，也對於藉由禪修治癒某些病症的事實表現出興趣，這又是另一個可以協同合作的有趣課題❾。

由於佛教強調自我創造所造，沒有所謂的創造萬物的神祇，所以有些人認爲佛教嚴格來說不算是宗教。有個西方的佛教學者告訴我：「佛教不是宗教，反而是種心識的科學。」從這個角度來看，佛教並不隸屬於宗教這個範疇。我個人雖然認爲這是個不幸的結果，但從另一個觀點來看，卻也拉近了佛教與科學的距離。儘管如此，從純粹的科學角度來看，佛教卻還是一種從精神探索的道路。所以不幸地，我們似乎也不能算是隸屬於科學的範疇。佛教因此既非宗教又非純科學，但卻讓我們有機會能夠扮演溝通信仰與科學之間橋樑的角色，這就是爲什麼我相信我們未來必須努力將這兩股力量拉得比現在更爲接近的

❼緣：rten, pratitya.

❽達賴喇嘛曾在一九九〇年代與美國著名科學家對談，內容已集結成書，書名是《心智科學》（*The Science of Mind*）。

❾此處提出的許多觀點討論，見《心智科學》：東西的對話（台北，眾生文化，民八十四）。

原因。

大部分的人都忽略了宗教，但是在並未忽視宗教的人們裡又可分爲兩類人：一類人遵從信仰、體驗靈修的好處；另一類人卻刻意抹煞宗教的所有價值。這結果是，這兩類人彼此之間衝突不斷。不管用任何方法，要是我們能將這兩股力量距離拉近，這也會是件值得去做的事情。

問答錄

問：可不可以請您說明思業、思已業兩者之間的差別？

答：關於業行或業力，一般來說有兩派不同說法：一派認爲任何業行都一定是意業，另一派則認爲除了意業之外也可能是身業或口業。根據第一種說法，動機本身在初發動某一行爲時稱爲「思業」，而這份動機在參與實際行爲的時候則成爲「思已業」（intended action），所以兩者都包含於新的造作範圍內。根據另一派認爲也有身、語二業的說法，對於思業的解釋雖然類似，但思已業的發生時間在業行以行爲或語言表現的時候，所以思已業可以是身業、口業、或是意業。後者比較能夠使人接受，這是屬於應成派的說法。

問：關於心識，據說中觀❿學派的看法和唯識學派的不同，認為業行所生習氣的輪迴相續基礎在於「假我」，而其暫時基礎在於心識。您可不可以針對這一點再作進一步的解釋？特別是，為什麼這常續習氣的基礎在「假我」，因為這個我並不是本有而且也不會輪迴相續？另外，如果不是阿賴耶識，那麼用來儲存習氣的機制是什麼？它運作的方式又如何？如何從這一生轉入下一生？

答：當我們說到假名存在的我時，並不表示除了假名之外，這個我，或是自己，就沒有任何意義。我這個名字是有意義的，然而因爲這個我的存在並不是以自力的方式，不依靠它的名字而存在；反而對於它的名義，也就是這個被名相強加附會上的名相極度依賴，所以被稱爲「唯名」：名相所立。因此在「假我」這個名相裡的「假」，指的便是經過分析之後，仍然遍尋不著的這個我。不僅僅是我，這個習氣所藏的大本營是假名存在，連習氣本身以及薰習習氣的業力，還有所有一切事相都是假名。說事相是假名存在並不表示它

❿中觀：以龍樹的八不中道為準的學派。

們不存在，而是說它們的存在不是倚靠自力、自體或自性而形成。

當我們說薰習以及攜帶習氣的基礎爲「唯名」，你大概會以爲這麼說來習氣實在沒什麼大不了。然而明白這個解釋你就會瞭解到事情並不是這樣，也沒有想像中困難。至於業因和它的果報如何聯繫，讓我們先思考下面這件事情：在我們習慣的用語裡，我們會說：「早先時候，我做了這件事、那件事」，而做這些事情的人就是我們自己。我們這麼說，是從這個我是做這些事情的假我延續的觀點來看，但如果我們進一步探究，這個行爲其實已經停止了，而目前的這個我也已經不是之前的那個我。雖然話是這麼說，我們天生就會這麼想，而的確也會這麼說：「我剛剛做了那件事。」這確實也和事實相符，所以我們就成了這個行爲的擁有者。行爲和自我就這樣有了聯繫；而這也變成業因和未來果報的聯繫基礎，不管時間到底過了多久。對於這個造業從而累積業因的人來說，既然這個假我的連續體不斷延續，他也一直都是累積那些業因的人。還有，既然先前所造業因必定會結果，除了自己之外也沒有其他人可以承受業果。

這個我是依憑著身、心的聚集而假立的名義；就密續或密咒系統來說，這些身心的聚集還可以分爲粗略與微妙兩個層次。從無上瑜伽續的觀點來看，這個我的假名最終的基礎，必須是從無始劫以來就一直伴隨著這個我的精微聚集。這是心識的最微妙層次，它的延續沒有起始不曾間斷，直到最後圓成佛道為止。毫無疑問地，煩惱心沒辦法達成佛道——當然那是不行的。它連心識較粗的階層都達不到，更何況是佛道。只有心識最微妙的階層能夠通向佛道，這層精微心識始於無始劫，永遠持續著。當我們死亡，我們較粗層的心識便隨之消散。在我們的最後一天臨終時，最後顯現的心識便是這層最精微的清淨光心識；就是這心識教我們這一生與來生有了聯繫。就這樣，這個微妙的心識就必然穿越時間不斷地延續著。

根據應成派的說法，當一件業行終止或分解時，這個分解也是因緣導致。所以在分解之後的狀態也是因緣所生，是個製造出來的現象。這個業行製造一個本身也是無常現象的分解狀態，這狀態會持續著一直到業果成熟現行為止。

說到這個我出現的方式，有一種比較籠統的我，從無始劫以來就一直存續直到現在。至於比較明確的我形態就很多了，像是有一個年少的我、一個與其他五道不同、身為人身的我等等。舉例來說，當我們提起這個少年的我時，我們會這麼說：「哇，我年輕的時候還真是個混球，可是我現在改進不少。」在這個我之內，還常有許多這樣的分別，有些較爲籠統，有些則較爲獨特、不廣泛。

問：物質能量與心靈能量是否相同？

答：大致上因爲物質與心識不同，所以和它們有關的能量看起來似乎也不一樣。就心識能量來說，它有許多粗細不一的層次。心識的層次愈粗，和我們現有身體的關係就愈密切；相反地，層次愈細，和這個愚鈍的身體就比較沒有關聯。另外，心識較細的層次要比較粗的層次更有力量；所以要是我們能善於利用，它們會對心識的轉型更有幫助。所以要討論能量的不同，得先考慮物質與心識的許多不同層次。

問：我們怎麼才能摒除天生無明？

答：某些類型的無明只要稍微努力就能去除，但要除去輪迴根本的根本無明就需要非常龐大的努力。這一系列講次的主題就在於說明如何才能終止無明。到目前爲止，我所提到的都還只是基礎，只是修行的根基。底下我們就會開始討論不同層次的修行。

問：哪一種方法才是對付他人憤怒或攻擊的最善巧方法，既能夠不屈服於對方的怒氣，又不會使自己也發脾氣？

答：如果你只是放任脾氣發出，這很難會有什麼幫助。因為怒氣只會激發更多的怒氣，所以不會有任何正面的效果，只會增加問題。在某些情況下，是有必要採取方法阻止另一方的錯誤行為，但我相信這樣的方法可以不用發脾氣的方式就能做到。事實上，心平氣和的實現反制作用，會比被煩惱所控制的反應要有效許多，因為一起了怒氣，就沒辦法做出適當的舉動。憤怒能嚴重傷害人類腦筋最好的一項特質，那就是判斷力；判斷力能讓人思考「這麼做對不對」，然後去探究某項行為的短程與長期後果是什麼。在作出行為之前，審度當時狀況是否有其必要；少了怒氣，判斷力就會好很多。

在競爭的社會裡頭，如果你很誠懇、老實，難免會讓人家佔些便宜。如果你讓他們佔你的便宜，他們就會造作了不當的業行，累積日後受報應的惡因。所以如果是出於利他的動機，為了避免他人來日領受惡報而採取反制的措施，在有些時候是被認可的。舉例來說，有遠見的父母親有些時候可以不動怒地斥責、甚至處罰小孩，這是被允許的。可是如果這父母真的動了怒，打孩子打得太兇，他們日後就會後悔。不管怎麼樣，有個善良的動

機希望能矯正孩子的惡習，而採取當下對孩子有益的適當方法是可以的。這是我們應有的反應方式。

根據經論派（顯宗）的看法，憤怒在靈修上並不被允許。但是根據密續⓫派（密宗）的說法，運用憤怒於求道上卻是可能的。在這種情況下，你的臨時動機可以是憤怒，但你的根本動機卻必須是出自於慈悲心，目的是爲了利用怒氣的力量與快速，在不受到它的負面效果影響下，讓修行更有效。

問：哪一種效果比較好：不理會恨意，讓它藏在自己心裡？還是讓它發出，以便直接面對它？

答：有種修行方式爲了找出恨意，看恨的對象如何生起、心是如何反應、恨的本質是什麼等等，會允許心識生起恨意以便觀察，但是這並不是將恨意表現在外，和別人吵架。要是你警覺怒氣有外洩的可能時，最好還是把它鎖上，在內心裡生起好好觀察它！

對於有些心理問題，像是沮喪症⓬或其他心理病症等，用說話的方式讓它們發洩出來可能會有些幫助，這能讓他們減輕心裡一些不舒服的感覺。但是對於其他的心理問題，像是憤怒或強烈執著等等，你愈是發洩出來，它愈是容易發生。對於這類型的心理問題，壓抑反而能夠降低它們的強度。然而所謂的壓抑，並不是要等到怒氣或執著已經升高到相當激烈的程度時才試圖控制它，因爲到了那種地步，想要抑制已經變得非常困難。你必須在日常修行時，就得不斷地禪修慈悲、大愛、仁慈等等的好處與利益，以及生氣的壞處和錯誤。這樣不斷地用心觀照、培養對於慈悲與愛心益處的瞭解，就能讓人常常處在覺醒之中，增進悲心，進而捨嗔恚就慈悲。有了這股力量，就算是動了怒，怒氣表達的方式與強度也會不一樣。這就是修行的方式；日復一日，我們的心胸也會逐漸改變。

問：如果沒有我，我如何能用心禪坐觀照？

答：這大概是我之前提過的一種誤解：將自性空錯誤地理解爲存有自身的空性，所以才以爲好像沒有任何東西存在著。這樣不對。如果你說你不存在，那麼拿根針扎自己的手

⓫ 在密續的本尊中有些是忿怒尊，如忿怒馬頭名王。

⓬ 沮喪症：反制沮喪的許多方法，見 *The Dalai Lama at Harvard* 的索引。

指頭看看！縱使你找不著它，但很明顯地它是存在的。

問：我曾受過我的上師許多的教誨與啓發，但是現在我對他失去了信心。我該怎麼辦？

答：這代表你在剛開始時並不是很小心。如果光有信心就夠了，佛陀就不需要在戒律、經集以及密咒的解釋裡，仔細地規定成爲上師應有的資格。師父，也就是喇嘛，與徒弟之間相互觀察瞭解是非常重要的一件事。雖然是這麼說，你剛才所說的情況還是會發生。我們應該把這種經驗當作一種警示，讓自己瞭解一個更建全基礎的必要性：分析和探究非常重要。我常常告訴人們，聽經的時候，不要一剛開始就把老師當作上師。你只需要把他當成一位能說法的同修。這樣，隨著時間的驗證，你檢驗過他的資格，產生眞實的信心，就能當他是你自己的上師。這是一個不錯的方法。

現在讓我們來談談你應該怎麼辦的問題。如果情況是你本來有信心而現在拿不出信心，而不是已經到不喜歡這個人，那麼你最好培養不偏不倚的態度。另外一種有效的方式是想想在佛教裡，特別是大乘裡，就算是我們的敵人也被視爲我們最好的上師之一。雖然敵人會故意傷害你，培養對他的深深敬意和感激之情還算是最基本的修行。對於敵人尚且是這樣，對於你的上師更應該是這樣，因爲你的上師大概不可能會故意去傷害你。這方法能讓你用不同的角度去看待同一件事物。

問：您對於學佛的西方人修持護法神的看法是什麼？

答：這件事很複雜。要不要修持宗教是自己的決定，怎麼修也是自己的事情，重點是要能瞭解這個法門起始的原由。當我們回溯這個法門的歷史，我們會發覺護法神的理論根源於密續的修行法。在顯宗裡，除了偶爾提及的四大明王外，所提的僅有文殊師利、觀世音、度母、彌勒與普賢等本尊。在彌勒的《現觀莊嚴論》裡談到六念處的系列訓練時，有提到念天的修持法。所以這些本尊和剛提到的四大明王，有可能出現在這類修行的方法裡。但是在這裡頭，念持本尊的目的是以他們爲自己業行的見證人。

另一方面，有許多密續典籍都提到護法神。在密續系統裡，護法神法門的修行者首先必須先接受灌頂，然後進入一個深層的觀照。在這個境界裡，對於本尊瑜伽的禪修練習最後能讓人獲得資格修行這個法門。修行者一方面想像自己爲曼荼羅中的本尊之一，一方面

觀想自己的前面有一位護法神，對他或她下達對某特定領域的業行有用的命令。所以如果你想修持護法神法門，你得先獲得資格才行。

過去在西藏有許多人倒行逆施，完全不顧自己的修行而一味地追求護法神，這絕對是個錯誤。我們應該先讓自己成爲名符其實的護法，讓自己的外觀明顯地顯出神性，這樣護法才會爲我們護法；而根本不是讓護法來控制我們。

事實上，最好的護法是佛、法、僧。就更深的層次來看，眞正的護法或是殺賊者都是我們自己的業力。如果你眞要問什麼東西才有幫助？答案就是你自己的善行。如果你還要問什麼東西會害人？答案就是你自己的惡行。這點很重要。

問：欲望是不是都一定會導致愛執？

答：藏文裡對於「'dod pa」和「'dod chags」這兩個字有很清楚地區別：前者表示欲望、希求或需要，合理的或不合理的都算；後者指的則必然是個煩惱。連像阿羅漢（殺賊者⑬）這樣已經脫離輪迴的人也還存有思慮過的欲望。儘管有這種語意上的區別，在修行的初階，當一個人還只是個平凡眾生的時候，要分別煩惱與單純欲望的不同還是很困難。

⓭ dgra bcom pa, arhan。將就 arhan/arhant（dgra bcon pa）翻譯為 foe destroyer（殺賊者），我遵循的是通常的西藏譯法，也是為了讀者能捕捉到常提及此一字源的口傳和書寫傳統的味道，阿羅漢已經克服的敵人，也就是煩惱（nyon mongs, kleŚa），主要是無明，（按照應成派）認為人和事相依自性而建立的見解。

印度和西藏的讀法也注意到 carhan 的字源有「尊者」的意思，就如同他們翻譯者那派的「創立者」Arhat，為 mchod 'od「尊者」（worthy of worthy）（見喜木樣協巴的《大宗義》，ka 62a.3）。

他們也注意到月稱在他的《名句論》中說明此詞為「尊者」（worthy one）：「為他們值得天人界，人界和阿修羅界的尊重，所以他們被稱為 arhans。」（sadevamā-nusāsurāl lokāt pūnārhatvād arhannityuchyate〔Poussin, 486.5〕, lha dang mi dang lha ma yin du bcas pa'i'jig rten gyis mchcd par'os pas dgra bcom pa zhes brjod la〔409.20, Tibetan Cultural Printing Press edition; also, p5260, vol.98 75.2.2〕），他們也注意到在《八千般若頌解脫，現觀莊嚴明》中的兩個字源說。在經書開頭提及佛的眷屬的資格的稱號時（見荻原雲來編，AbhisamayālamkārālokāPrajñā-pā ramitā-vyākhyā, The Work of Haribhadra〔*Tokyo: The Tokyo Bonko*, 1932-35：再版，*Tokyo: Sankibo Buddhist Book Sture*〕, 1973.8.18），師子賢（Haribhadra）說：他們被稱為 arhant（尊者，由字根 arh「被尊敬」）因為他們值得尊敬，無私的奉獻以及會聚成一群等（W9.8-9: Sarva evātra pūjā-daksinā-ganaparikarsādy-ārhatay-arhanta h; p5189, 67.5.7: 'dir thams cad kyang mchod pa dang//yon dang tshogs su 'dub la sogs par 'os pas na dgra bcom pa'o.）：他們被稱為 arhant（殺敵者，arihan）因為他們已稱摧毀（hata）了敵人（ari）。（W10.18: hatāritvād arhantah; P5189, 69.3.6 dgra rnams bcom pas na dgra bcom pa'o.）

（我感謝 Gareth Sparham 指出師子賢了），因此我們並不是在處理一個受誤解的詞，而是在面對不同的字源時，斟酌用字——「殺敵者」需要一個並非不常見的 i 字中做成 arihan 這個字，ari 意指敵人，han 是殺，因此是「殺敵者」。不幸地，英語中沒有一個字能既表現這層意思以及「尊者」的意思：因此我就遵循顯然已經成為西藏主要意義。（arhat 在佛教和耆那教的兩重字源的精彩討論，見 L.M. Josh 的" *Facets of Jaina Religiousness in Comparative Light.*" L.D. Serres 85,〔Ahmedabad: L. D. Institute of Indology, May 1981〕, pp. 53-58）

他的信仰很可能還混有本有存在的觀念；他的悲心也可能同樣夾雜本有存在的想法；在這樣的觀念裡，自我和信仰或是悲心的客體都會被誤認能以自性成立。剛開始要做出這樣的區別很困難，但是假以不間斷地基礎修行，一個人就能逐漸地找出無明和煩惱的成因，修行自然就會越發清淨。

3
道的不同層次

探討心識——培養健全心識的基礎

流轉生死裡的一世十二緣起代表了我們的基本處境：煩惱、染業和苦。我們的心識能夠衝脫無明嗎？這點必須作個探討。我們所能想到的任何類型心識，都會隨著逐漸熟悉而受到不同程度的制約。雖然是這樣，不管一個錯誤的心識會如何隨著日久的積習而日益增強，它的強度都不會毫無限制地增加，因爲它沒有經由正確認知證實的有效基礎。相反地，一個有健全基礎的心識，也許會因爲目前還未能習慣而顯得力量薄弱，但藉由制約的作用還是能隨時強化。而且，正因爲它的基礎健全，所以其力量終究能夠變成無窮無盡。

有人說心靈的各項特質因爲所依憑的心識無始無終，所以有個穩固的基礎。只要一個人不斷地練習，心靈各項特質就不用再耗費原先爲培養這些特質所花上的力量，所以它們的力量會逐漸增強。某一項心靈特質一旦藉由某個程度的力量出現在心靈之中，就不需要再用上相同程度的力量，就能讓該項特質保持在那種程度。所以額外的訓練自然會再增強那項特質。

既然苦的根源是無明，所以苦是來自於一個未經馴服的心識。相對地，因爲憂苦的解脫起自心識中無明的淨化與根除，所以解脫的原因就是源自於馴服了的心識。心識不經馴服就會導致苦的產生，而馴服了心識則能帶來幸福。心識要能馴服必須依靠心識的訓練，但，因爲心識訓練者本身就是某一特定類型的心識，而接受訓練的對象同樣也是一種心識，所以我們必須要能熟知心理學，這也是爲什麼佛教典籍中許多的焦點都集中在對心識的探討上。

最少經馴化的心識，也就是對物相有錯誤認知的粗略心識，被稱爲「惡見」（顛倒識）。而隨著對於教義的熟悉，心識會轉化進入「疑」（猶疑）的層次。疑本身又再分成三個層次：最低的一層疑見的定義；中間一層對於善、惡同樣容易有所質疑；最高的一層疑則傾向善。藉由修行，疑也會逐漸往上轉型成爲所謂正確假定的意識（意伺）的層次。這個層次的心識再經過不斷修持，像是觀照理智等等的法門，就會轉化成爲「推論（比推）」。習慣了推論，再加上培養出對於事物日漸正確的認知，一個人就能夠成就對於事相的「直觀❶」（現識）。

---

❶直觀：對這七種了覺進一步的對話，見 Lati Riubochay and Elizabeth Napper. *Mind in Tiberton Buddhism*（London: Rider and Company, 1980; Ithaca: Snow Lion Publications, 1980）

爲了克服片面執是爲非的邪見，我們就得觀察持有這種見解的謬誤後果。因爲這個緣故，佛教中講因明的典籍裡就舉了許多類型的謬誤後果來減輕對邪見的執著。當我們提昇到疑的層次，可以運用三段論法來產生正確的思維。這就是爲什麼我們要研讀因明❷兩大巨擘陳那❸和法稱❹的論著，來培養並且增進分別事相的智慧。在研讀的過程裡，一個人就能逐漸從聽聞、思維、觀照中產生智慧。

根絕煩惱——以三種非暴力修行循序漸進

隨著這一類的修行，我們能夠逐漸瞭解到心識轉化的可能性。從這個角度來看，我們也能夠開始對於非暴力修行的效力產生信心。非暴力修行的第一個層次是抑止自己不要做出對他人有害的行爲；第二個層次是對治驅動惡行的煩惱；第三個層次則是連先前煩惱所種下的習氣都要能夠克服。在我們思索過無明如何產生流轉生死所帶來的煩惱，我們所得到的結論是：我們必須要修行這三個層次的非暴力修行——首先抑制因煩惱所產生的惡行；然後要抑制煩惱本身；最後則必須抑制煩惱所產生的習氣。

要想去除潛藏的業習就必須要先能根絕煩惱；因爲沒有了煩惱，就不可能引發種在心識中的習氣。完全根除煩惱和習氣的狀態就稱爲佛性；如果只去除掉煩惱則是阿羅漢、殺賊者的境地。

摧毀煩惱以及它們所種下的習氣很像是一種攻擊性交戰；所以一開始先採取守勢，確定自己不會受到負面情緒影響的準備就變得格外重要。這就是爲什麼起先必須抑制身口惡業的原因；最終的目標就是要能夠去除所有的煩惱以及它們的習氣，也就是要證得佛性。但是爲了達到這個目的採取必要手段時，必須要先能防範惡行的影響。

抑制煩惱所產生的惡行

當一個人爲了自私的動機，做出像是殺生、竊盜、不正當的男女關係、說謊、搬弄是非、說話苛刻、無意義的閒聊等錯誤行爲時，被傷害的不只是他人，最後還是會回過頭來

❷因明：是佛教五明之一，指邏輯學加上認識論，其他四明是聲明（語文學）、工巧明（工藝學）、醫方明（醫藥學）、內明（宗教學）。

❸陳那：西元五世紀的印度學者（約四〇〇~四八〇間），集佛教因明大成。名著為《集量論》。

❹法稱：西元六世紀的印度瑜伽派論師，也是著名的因明學者。名著為《釋量論》。

傷害到自己。所以就算不考慮對其他人造成的傷害，只要想想暴力在因果輪迴的定義下對自己的傷害，我們就應該能夠瞭解抑制身、口惡業的必要性。能夠這麼想，我們就能夠深信傷害他人只會爲自己帶來損失。這點很值得我們三思。

禪修無常也很有用處。不管我們的壽命有多長總會有個極限，是不是？再想想宇宙和地質的形成時間，人類的壽命相比之下就顯得短暫極了，何況我們還不能保證一定能夠壽終正寢呢，在這種情況之下，還把自己所有身心的能量統統投入在財富的汲取，這不是毫無道理嗎？既然財富很明顯地只在這輩子有用，我們就應當減少過分的貪婪。

在這個層次的課程中，並沒有提到對他人的仁慈和慈悲；強調的重點反而在於要能夠理解，就算是對自己的利益來說，惡行也會帶來害處。還有，從目前的世界局勢來看，很明顯地，光是物質的進步並沒有辦法滿足人類的追求。物質的進展在某些方面的確解決了一些問題，但有時候也會製造出新的問題來。從我們自身的經驗裡，知道單只是物質的進展是不夠的。

在這個階段，再多想一想身處人道的好處會有幫助的。如果我們想到利用這個人身能夠有番積極的作爲，就能夠瞭解到用它來從事有害的用途是多麼可悲的一件事。

還有，對於某些人來說，禪修地獄、餓鬼、畜生三惡道所受的苦痛也會有所幫助。如果你沒有辦法相信眞的有地獄存在，你可以想想畜生們所受的痛苦。我們能夠親眼看到它們所承受的各種苦痛，但我們應該去想像的是，如果自己也投生在這樣的境地，是否能夠忍受這些痛苦？我們自己能夠知道由於無始無明的驅動，在心識裡早就種著許許多多惡行所種下的習氣，會讓我們投生畜生道。到目前爲止，我們都只是看著這些畜生，現在讓我們來想像自己也是其中之一，然後問問自己是否能夠忍受這種苦痛？當我們這樣地思維，就會產生一種不願意投生畜生道的感覺。墮入畜生道的原因就在於對別人做出傷害和暴力的行爲。

這就是對於暴力後果和抑止惡言惡行必要性的第一階段禪修。但這樣還是沒有辦法保證，就算在這一生中能夠抑止惡業，下一生就能夠不受到惡業的影響。所以最好的防禦還是修行下一階段，也就是可以被稱作是「主動交戰」的非暴力修行。

修行人的真正戰爭：抑止煩惱本身

爲我們帶來所有麻煩的根源，就在於先前說明十二緣起時所提到的那些煩惱。它們的

根本在於執物相爲本有的無明：這股無明的力量會誘發欲望、憎厭以及其他許多種類的煩惱，像是傲慢、懷疑、嗔恚、嫉妒等等，這些才是眞正的麻煩製造者。當我們分析目前這個世界的問題和危機，不管是家庭還是國際的，很明顯它們都和我們的嗔恚、嫉妒和愛執有關。

讓我們想想所謂的「敵人」，也就是我們極度憎恨的人。這樣的人由於心識未經馴服，所以做出傷害我們的舉動；也就是爲了這個原因，我們就認爲他是個敵人。如果這份憤怒、這個想傷害人的意圖是這個人的本性，那麼我們根本無從改變他。問題是事實並不是這樣，仇恨並不是這個人的本性；相反地，他和我們一樣，也是受到煩惱的影響而表現出惡行。我們自己也會做壞事，不是嗎？但我們卻不一定會認爲自己有那麼糟糕。同樣的情況也發生在我們稱爲敵人的身上，結果是，眞正的麻煩製造者不是這個人，而是他的煩惱習氣。眞正的敵人其實是內在因素。

身爲修行人，我們眞正的戰爭應該發生在自己的內心。這得花上些時間，但是這是減少負面人性的唯一方法。藉由這樣的修行，不僅在未來生，就算在日常生活中，我們也能獲致更多的內心寧靜。

爲了能創造心裡的寧靜，能不能克服煩惱這個問題就成了關鍵。在這一點上，我們必須要訓練自己克服煩惱，而要能克服煩惱，就必須能夠摧毀它們的根柢，也就是執物相爲本有的無明。要做到這點，我們還必須要能生起能正確思維的心識；這心識必須和無明走相反的方向，也就是對於事相要能夠正確地認知。只有這樣的心識才能拿來當作克服煩惱的解藥。

無明誤認事相有著獨立的存在，但事實並不是這樣。要想克服這無明，就必須要能運用理智來駁斥無明所誤認的對象，也就是本有存在（自有性）這個錯誤的觀念。我們必須能夠明白事物並不具有能夠本來存在著的實體。

爲了能夠領悟可以根除無明的空性，光是培養能夠理解空性的正確思維心識是不夠的，我們還必須能夠把這份正確思維帶入直觀非名相的本有性空的層次。要達到這個目的，就必須借重深層觀照的輔助；有了它，我們就比較容易進入三摩地，也就是禪定，是結合了寧靜安住以及特殊洞察力的境界。所以有人說，爲了培養能洞察空性的智慧心識，就必須要先讓心識能夠寧靜安住，那是一種心識寧靜而專注的境地。讓心識維持對一個物體了了分明的觀察能力，或者是能讓心識逐漸變得更敏銳、更警覺、更有能力的鮮明專注

能力，都會很有助益。這就是我們爲什麼要詳細說明如何才能達到禪定的原因。

想要達到內心安住的人不能像我們一樣過生活，應該要找個與世隔絕的地方，在那裡才能夠長時間不斷地修行。另外，如果一個人修行的是密續和定住修的配合，據說會比較容易達到心靈的寧靜。但是對於那些沒有辦法或是還未準備好這麼密集修行的人來說，比較有用的方式是早晨早一點起床，趁心識還很清楚，其他念頭還沒生起時，利用它來檢視心識本身或其本質。這種方法能讓心識保持覺醒，對於接下來的一整天都會有所幫助。

爲了讓心識能夠連絲毫的分神都不至於發生，而且能持續且鮮明地專注在所觀照的事物上，修行者必須要先能夠克制讓心識渙散在愛欲憎厭等粗鈍雜念上，而這些雜念包括較粗略的身口惡行等等。爲了達到這個要求，就必須要接受戒律[5]的訓練。佛教的戒律系統分爲兩個層次：在家眾的戒律和出家眾的戒律。就算是在家眾的戒律裡也可再細分成幾個階段。會有這麼多不同的變化，是因爲佛陀制訂戒律時是根據個人不同的根器來決定。關鍵是要能根據自己的心性來決定應守的戒律，因爲只有這樣才能獲得令人滿意的結果。

正因爲眾生有太多不同的根性和喜好，所以佛陀制訂許多不同的修行方法。瞭解這一點不但有利於正確認識佛教的不同法門，也能幫助我們自內心深處對於目前世間所有不同宗教產生敬意，因爲所有宗教對於信仰的人都會有所助益。雖然不同宗教的教義之間有著相當巨大、而且常常是最根本的差異，我們還是能夠清楚地瞭解到，這些教義按照信徒不同的喜好和傾向，對於人們日常生活的指導都相當合宜而且很有幫助。明白這一點，自然能夠產生深深的敬意。而今天我們需要的正是這種相互的尊重和體諒。

西方人如何修行佛法？

有爲數不少的西方男女出家成爲比丘、比丘尼，我雖尊重他們受戒的決定，但也不希望大家太急著立誓。我們要記得，既然佛陀爲不同的根器立下不同法門，就表示要緊的事是先要能夠知道自己的程度，然後在那個程度裡逐漸進步。對於那些虔誠地想要修行佛教義理的西方人，做個好國民以及社會的好公民反而更爲重要：要留在自己的社群裡，不要把自己孤立起來。還有，要擷取佛陀說法的精髓，要能明白西藏人所修行的佛法是受到西

❺ 一般人受了五戒之後成為佛教徒，如要出家必須求受比丘比丘尼戒。

藏文化的影響，所以要西方人去修行西藏化形式的佛法便會是個錯誤。西方人如果要將自己的修行完全西藏化會遭遇一些困難，因爲這樣的系統並不適合他們自己的心態，會造成與社會的互動困難。今天有些人西藏化的程度，甚至已經讓自己融入卑屈地低著頭的藏人習俗。與其模仿這樣的文化形式，大家倒不如維持自己原有的文化習俗，而只去應用佛陀教誨裡有用和有效的項目。每個人都應該在自己的社群裡從事自己的本行。雖然在各地已經成立的中心有其用處並理當繼續維持，想要修行佛法的人也不一定需要參加某一個特定的中心才行。

解脫——煩惱的真正止息

我們已經討論過前兩個階層的修行，也說明對治煩惱的方法。接著我們就要來探討第三個階層，也就是如何培養慈悲以便能夠摧毀所知障的方法，這種障礙是煩惱所種下的業因習氣。首先，我們先接受戒律的訓練，這是日後所有修行的根本基礎。接著因爲修持禪定的關係，心識在觀照空性時能夠全神貫注而且極有效力，然後就能夠克服自性再產生的習氣所構成的所知障礙。所知障❻先被克服，煩惱障❼也會跟著逐漸消除。在煩惱障裡有許多層次的煩惱需要克服，但最後還是能夠根除位於一切煩惱根本的無明，也就是對事相本有的愚癡見解。在眞實界裡，這個無明和它所引起的所有煩惱不是遭到根除就是被熄滅。能照見空性的智慧會直接破除執物相爲本有的無明，而在眞實界裡無明的消除就叫作解脫。誠如龍樹菩薩在所著述的《中論》裡所說：

業煩惱滅故
名之爲解脫
業煩惱非實
入空戲論滅❽

❻所知障：obstructions, to ommniscience, jñeyāvaraṇa, shes sgrib，衆生因無明而有種種錯誤見解，覆蓋遮蔽了智慧，因而障礙正覺。

❼煩惱障：the innate obstructions，貪嗔癡等煩惱使衆生流轉生死，因而障礙涅槃。

❽「觀法品第十八」，Fundamental Treatise on the Middle, Called "Wisdom", XVII. 5（dbu maibstan bcos/dbu ma rtsa ba'i tshig le'ur byas pa shes rab ces bya ba, madhyamaka's āstra/prajñānāmamūlamadhyamaka kārikā），p5224, vol.95. 版本與翻譯見書末書目。

汙染的業行和煩惱因爲錯誤的觀念所以產生，而錯誤觀念的產生又是因爲事相本有這個錯誤觀念的延伸而有。這些延伸的觀念會藉由❾空性而停止；另一種說法則是，它們會在❿空性裡停止。前者指的是延伸的觀念會經由培養能觀照空性的知見而停止。由於虛構的延伸觀念休止的地方在於眞實的空性本身，所以在這裡，空性也有人解釋爲虛構的本有觀念所休止的地方。以智慧對治而消除所有煩惱後的空性，就是痛苦來源的眞正止息，也就是解脫。

問答錄

問：我聽人家說過，要是在打坐數息⓫的時候會昏沉，那就表示這個方法不合適，應該另外找其他的方法代替，您對這有什麼看法？

答：打坐的時候昏沉，甚至睡著了，這是常有的事。所以對於某些有失眠毛病的人，我還建議他們持咒呢！

在禪修時，心識有時候會受到昏睡的影響，讓你身心都感覺沉重，變得很想睡覺，甚至眞的睡著了。這是因爲觀照內心的方式太鬆懈了；一個對治的技巧是讓心識緊綳一點，這能夠讓它恢復生氣。如果這方法沒有效果，那麼你應該想像一些明亮的事物，或是專注於所觀照物體的細節，因爲昏睡的原因是由於心識過於退縮所造成。如果連這個方法也沒用，你可以暫時停止打坐，然後眺望遠方看看整個遠方的景色；要不然洗洗臉，出去呼吸一口新鮮空氣也行。

如果你在數息的時候變得異常地昏睡，但是在觀想其他物體的時候卻不會有這種現象發生，那麼問題可能就出在你的身體上。如果是這樣，換個禪修的對象會是個可行的方法。你可以觀想某種物質成分，或是某種特定類型的光。還有，你在觀息的時候也可以觀想身體上半部的亮光。一般的說法大概是這樣：如果心識下沉變得鬆懈時，最好把觀照的物體往上移動；如果心識有些激動，就把觀照的物體向下移動。這種對治的方法必須要依照禪修者的情況來調整。

---

❾藉由：stong pa nyid kyis.

❿在：stong pa nyid du.

⓫數息：計算呼吸呼出或吸入的次數，藉以收攝心念，是去除散亂入定的修行方法。

問：有個七歲的小孩得了腦癌，對於她的父母親您有什麼樣的建議？這小孩現在正在倫敦接受治療。

答：毫無疑問地，這孩子的父母會用盡各種方法醫治這個孩子。除此之外，在某些情況下，運用像是持咒、禪修等觀照技巧也會有所幫助；不過是不是能夠立刻見效還有賴許多其他因素。在佛教教義裡，要是一個人用盡各種方法可是還是沒有效果，那麼最有用的方式就是把它想成是業力不可避免的業因果報。相信有造物主的人可以想像這些困難是神的作爲，藉此得到慰藉。最要緊的是，這小孩要能保持心靈的祥和。除了這些方法之外就很難有其他建議了。據說一旦業力的果報現前時，就很難會有轉圜的餘地。

問：有人說道業的進展端賴信仰。那麼怎麼樣才能生起信仰呢？

答：信仰有三種類型：清淨歡喜的信仰、想要達成慈善特質的信仰和堅信的信仰。至於如何生起信仰，你可以想想造成堅定信仰的原因是什麼；另外，你也可以親身去體驗一下。你愈是去思考原因，就愈能夠確信修行的好處；愈能夠確信，體驗的就愈深，信仰自然更加堅固。

信仰以及其他種類的心靈體驗基本上可以分爲兩種：一種是因爲偶發原因造成的，信仰就這樣突然間掠過一個人的心頭；另外一種則是經由長時間努力獲得的。後者比較穩固，但是偶發的經驗卻也很有幫助。有時候當你突然有種不尋常而深刻的體驗，就得好好把握住它，當下盡量讓它能持續下去，這會很有幫助。

問：我發覺要理解所有不同層次的修行非常困難。有沒有哪一種簡單的基本修行我可以記得住？

答：簡單來說，這就是我常講的：如果你有能力幫助別人最好，你就去幫助；但是就算不能幫人，至少也不要害人。這是最主要的修行。聲聞乘教義的精髓在於避免傷害他人；大乘的教義義理精髓同樣也是利他，也就是幫助他人。就修行階段來說，第一個階段的修行在於避免造作十惡業，遠離惡行，以及立下和那個階段相關的誓願；在後面的階段則要開始進行利他的修行，同時立下和那個階段有關的誓願。

問：可不可能同時愛一個人，像是夫妻之間的愛，又能達到心靈的寧靜？還是一定要完全不執著於兒女私情才能培養出內心的寧靜？

答：在修行的最初階段會有不同層次的愛；對於與自己（暫時）比較接近的人，愛的程度會強一些，比較疏遠的則少一點。但隨著自己修行日漸增長，對於一切眾生的愛會變得平等而沒有差別。但這種平等的大愛並不是一蹴可幾，必須慢慢地培養。我在前面講過，剛開始修行的時候，仁慈、悲心和信仰等裡面多多少少會摻雜一些煩惱。

問：如果善的念頭後面跟著惡的業行，哪一個的業報比較強呢？

答：果報取決於造作業行時那個業行的種類，以及造作業行前那一個念頭的範圍，後者也就是就動機的範圍來講有多大。有些情況是因爲動機強大而範圍深廣，所以念頭的果報會比較強。有些情況則是因爲當時的狀況——對象與時間的關係，實際造作的業行會有比較強的果報。

問：有件事讓許多佛教徒感到困擾，那就是聽到有些法師經常破戒，像是喝酒或是與

共修團體的成員同住。是不是有哪些情形下，破戒是可以被允許的？

答：根據菩薩乘的典籍，爲了讓自己的心識連續體能夠成熟，所以會有所謂的六度之行：布施、持戒、忍辱、精進、禪定和智慧。而爲了讓他人心識連續體能夠成熟，又有所謂四種招募學生的方法⓬：㈠拿金錢、物資給學生；㈡愛語，意思是教導人如何往生善道，最終能夠脫離輪迴；㈢讓學生採行有益的修行方法，摒棄行爲中的無益行爲；以及㈣以自身爲榜樣教導他人。所以拿來教導人家的事情，自己也要能夠實行。就算只憑著常識，我們也知道不能告訴別人的是一套，自己做的又是另外一套。坦白說，如果有人教導他人的與自己的行爲相互牴觸，那就表示他並不完全符合作爲一個精神導師應有的資格。

⓬這裡指的四種方法即是一般所謂的四攝法，只是在這裡達賴喇嘛的說法與一般大乘法的說明略有出入。按彌勒出版社《佛學辭典》所解釋的四攝法為：⑴布施 giving what others like, in order to lead them to love and receive the truth；⑵愛語 affectionate speech, with the same purpose；⑶利行 conduct profitable to others, with the same purpose；⑷同事 co-operation with and adaptation of oneself to others, to lead them into the truth. 意譯為：⑴布施攝：給人以其歡喜之物，以引導其起慈愛之心，願意接受真理；⑵愛語攝：為了上述相同的目的，以溫和慈愛的語言相對；⑶利行攝：為了上述相同的目的，做出利益他人的行為；⑷同事攝：調適自己配合他人，以引導其進入真理。

據說在追隨某人成爲學生之前，最要緊的事是從經、律、密續的典籍中去瞭解佛陀所說成爲一位上師應有的資格，再去仔細分析這個人是否夠資格。另外，要是有人想要成爲救援他人的喇嘛，也必須瞭解這些應該具備的資格，然後努力去成就這些資格。

在密續乘裡，有高度覺悟的大修行者要顯示神通有特定的程序，要超過某個底線才有資格行爲異於常人。這個底線就是這個修行者必須已經「證得成就」。什麼叫作證得成就呢？偉大的竹巴噶舉派學者，也是大修行者唄瑪嘉播（Padma Ḡar-бo）說，這指的是一位瑜伽行者藉由瑜伽的力量所能達到的一種程度；沒有這種程度的平常人要是顯示這類行爲會讓自己失去信仰，但已經得證的瑜伽行者則能夠克服這種危機。舉例來說，偉大的班智達⓭、帝洛巴⓮，儘管對那洛巴⓯顯現出許多怪異的行爲，卻依然能夠完全克服失去信仰的危機。所以要想顯現非常舉止，必要先能證得這樣的成就才行。相反地，如果一位喇嘛沒有這種能力還一直要爲自己的特異行爲辯解，那只是表示他已經山窮水盡了。

問：可不可以請您解釋多生多世之前所造作的業行，和它顯現在像雷擊等自然災害的果報，兩者之間的關聯性質為何？是不是我們現前的這個心識影響或創造了這個雷電？

答：關於果報，我們藉由思維分析比較容易能夠瞭解，善行一般來說由於性質相似的緣故，能導致快樂的果報。但是，一旦我們考慮的是，在某個時間造作的某個業行所導致在某一個時間產生的某一個果報，其中牽涉的因素因爲極其微妙，所以會變得非常難以理解。至於你所說雷擊的例子，我在之前曾經提過探究事物有四種方法，其中有一種檢驗的是自然呈現，而不是因爲業報產生的物體所具有的性質，像是產生熱能和燃燒是火的本質、潮濕是水的本性等等。同樣地，閃電也是藉由這世界本身所有的物質成分相互作用而產生。但是要剛好有個人站在雷擊的地點被擊中，這就眞的是因爲業報。許多這樣子的區別我們都得弄清楚。

⓭班智達：即佛學通人、佛學家，是對精通五明的佛教徒或學者的尊稱。

⓮帝洛巴：西元十一世紀印度人（988-1069 A.D.），修持密法得大成就。

⓯那洛巴：西元十一世紀的印度人（1016-1100 A.D.），是大成就者帝洛巴的學生，西藏大譯師瑪爾巴（Marpa, 1012-1097 A.D.）的老師。

問：一個不殺生的好佛教徒怎麼還有辦法高興地享用雞鴨魚肉——這些殺生後的產物？

答：這的確是個問題。大致上在佛教講戒律的典籍裡並沒有禁止吃肉。而且從某個意義來說，比丘和比丘尼必須出外托缽乞求食物，所以在托缽的時候也不能多說自己有什麼偏好，像是「我喜歡這樣、那樣的食物」（譯者按：因爲托缽不應該有分別心）。十五多年前，我和一位斯里蘭卡的和尚談過這件事，嚴格來講，佛教的比丘和比丘尼不一定是素食者，也不一定是非素食者。

菩薩乘一般都是強調素食，大多認爲不吃肉會比較好；而確實也有些日本佛教團體嚴格吃素，我認爲這是正確的修行方法。其實在密續乘⓰較低的三續——事續、行續和瑜伽續——當中也禁止肉食，只是無上瑜伽續裡並沒有這種禁戒。剛才說的就是論述戒律的典籍以及經典乘、密續乘裡所提到的一般解釋。更明確的說法是，只要是因爲我而使動物遭到殺害就是不對。舉例來說，在大城市的市場裡的肉都是現成的，可以買來吃；但是在一個沒賣肉的地方，告訴人家說「我要吃肉」那就不如法了。

再怎麼說，最好還是素食。我自己在一九六五年的時候試過吃素，吃了大概有二十二或二十三個月之久。後來因爲得了嚴重的黃疸病，在醫生的建議下才停止吃素。不過能夠嚴格素食還是最好的。讓我很感動的一件事是，有一天我聽到英國國家廣播公司說，這個國家裡素食的人口愈來愈多，這眞的是一個好消息。

問：您剛才說過發洩怒氣不是個好方法，我想您大概指的是對於生氣的對象發怒不好。不過有一類心理學體系贊成把怒氣發在另一個替代物品上，像是枕頭或牆壁之類的，來發洩累積在心中的能量。這方法有用嗎？還是會有害處？

答：原則上，發洩恨意一點好處都沒有。不過如果你常常忘了打一些預防針，像是培養耐心與愛心等等，怒氣還是會增加，所以原則上最好是盡量減低怨氣。我有一個朋友告訴我，每次當他脾氣完全生起，覺得充滿怒氣的時候，他就會打自己，我也認爲這可能會有點幫助。剛才問問題的人提到打枕頭或牆壁，在我看來枕頭會好多了，因爲它沒那麼

⑯密續乘分四部，即作部、行部、瑜伽部以及無上瑜伽部；又稱為四續：即事續、行續、瑜伽續以及無上瑜伽續。

硬。在某些特殊狀況下，讓怒氣發洩出來似乎是可以的，但是不可以傷害到其他人。

問：我們當中有幾個人必須向公司說謊才能來到這裡聆聽您的開示。因為說謊而造惡的業因是否能為因為學法所得的善因抵銷？

答：那要看你獲得了多大的利益。如果你能把聽到的法融入修行當中，因此得到一些能夠運用在日常生活中的利益，那麼也算值得的了——有沒有利益是這麼算的。就好像寂天⓱菩薩說的，佛教最要緊的考量是我們行爲的結果；我們必須按照事情最後可能的結果，來判斷什麼該做、什麼不該做。這樣子，在戒律典籍裡完全禁止的行爲不但可以做，在某些情況下甚至會是必要的：只要有眞實利益的話就一定得做。這就好像在從事醫療行爲時，同樣一個人在不同的狀況下還是可以服用不同的藥物。同樣地，不同的環境也需要用到不同的方法。

⓱寂天：西元八世紀左右（650-750 A.D.）的印度學者僧侶。重要著作有《入菩薩行論》（*Bo dhicaryāvatāra*）。

4
利他的益處

智慧與功德——滅除習氣的武器

戒、定、慧三學固然能破除煩惱，但還必須能夠去除煩惱所種下的習氣才行，問題是這非常不容易。習氣必須根除的原因是，這些煩惱會障礙我們對於事相的直接認知。這就是爲什麼阿羅漢雖然已經能夠脫離輪迴生死，心量卻還沒有辦法完全擴展的緣故，所以成道的路上他們還只走了一半。

問題是如何滅除這些習氣。眞正的武器還是一樣：能洞悉空性的智慧，但是要能克服習氣，另外還需要有功德的強大支撐力。要能不斷累積功德就得具備有不平常的利他心態。到目前爲止，我們最主要關心的就只有一個人，那就是自己。在利他的修行裡，我們所關心的則是所有眾生。

眾生無量無邊，所以當我們的心識所關心的是這一切無量無邊的眾生，我們藉由行善所累積的功德也就會同樣無量無邊。所以爲了自己而求皈依三寶❶和爲了眾生而求皈依，其所得功德會有巨大的差異。

還有，到目前爲止，我們希望從生死輪迴中解脫的目的一直都是爲了自己，都還是爲了能消滅自己的痛苦；但要是我們以利他為動機，那麼我們的目標就會是無上的成就，也就是佛道。成就佛道不但煩惱障礙消滅了，連障礙本覺自性的習氣也都能夠一併根除。所以，就算是從目的來看，以利他出發、求取無上覺悟的人，他的力量都會更為強大，所累積的功德也會更為殊勝。

利他——人類心靈珍貴的力量

一顆利他的心彌足珍貴。讓人驚喜的是，人類的心靈竟有能力培養出這樣的心量，因為要利他必須先能忘了自己，看待別人如同看待自己一樣重要，這眞的是一件了不起的事。有人對我們好，我們會很高興；同樣地，如果我們對別人好，別人也一樣會很高興。我想要是有了這樣子的心量，就算是輪迴生死也會和涅槃沒有兩樣。這才是快樂的眞正泉源，不光就長期來說是這樣，當下也是這樣。如果你有過一絲絲這樣的經驗，它就能幫助

❶三寶：佛陀是佛寶，佛所說的法是法寶，僧伽是僧寶。佛教認為佛、法、僧能使人止惡行善，離苦得樂，是尊貴的珍寶，所以稱為三寶。

你得到心靈的寧靜和內心的力量。它能招致最好的經驗，爲積極參與社會活動打下最良好的根基。它是良師，是益友，也是護法；它是眞正的好東西。

我們曾就心靈培養的哲學架構做過討論，結論讓我們相信培養出這般美麗的心靈是可能的。偉大的印度班智達們提出兩種培養利他心胸的技巧：第一種是藉由七項精要因果的教導（七因果口訣）來培養；另一種是藉由他我的平等化與角色互換而達成。下面就是前者所謂的七項教導（在那之前還必須先修眾生平等的心）：㈠看待一切眾生爲朋友（知母）；㈡憶念他們的仁慈（念恩）；㈢發心回報（報恩）；㈣發慈愛心（慈）；㈤發大悲心（悲）；㈥發大願心度濟一切眾生（增上意樂）；㈦以希望利益他人爲初衷，發願覺悟（菩提心）。

爲了發起利他的大心，以眾生利益爲考量發願成佛，就必須要先能發宏願以眾生福祉爲己任。爲了能發宏願，又必須先能發起慈悲心，不忍心見到眾生忍受外在環境所帶來的苦，或是內心遭受癡欲所迫害的苦。這樣子，我們希望眾生得到解說的願力便是打從內心深處發出。這是因爲除非我們是被內心深處的慈悲心所感發，否則想要救度眾生離苦得樂的大宏誓願根本無從發起。

怨親平等——慈悲心的開展

從我們自己的經驗裡能夠很清楚地知道，對於我們覺得有魅力的人或是我們喜歡的、覺得相處融洽的人，比較容易生起慈悲心。所以在生起慈悲心之前，我們需要一些技巧讓眾生看起來能夠討我們歡心。這技巧就是，用看待自己最親密親友的方式看待一切眾生，不管這最親密的親友是母親或父親，親戚或他人。

要能夠以這個方式看待一切眾生，就必須先要能夠用平等心來看待眾心。在這裡，運用你的想像力會很有幫助。你就想像在面前有一個朋友、一個敵人和一個你全然漠不關心的人，也就是一個「中性」人。然後檢視你自己的感覺，看看哪一個人你會非常喜歡，哪一個人你又敬而遠之。你當然會覺得朋友格外親切；而對於你的敵人，不要說是敬而遠之，有時候你甚至會覺得生氣或討厭；至於對中性人你一無所感。你必須要探究這種狀況的原因。第一個人是你最要好的朋友；問題是從佛法的觀點來看，雖然他今天看起來像是個朋友的樣子，可是這並不恆久，因爲經過無始以來不斷的生死輪轉，在過去某一生中他還可能是你最爲痛恨的敵人。同樣地，另外一位的所作所爲雖然現在看來像是個敵人，你

也根本沒有辦法確定他是不是在過去某一生中曾經是你最親愛的朋友。未來也是一樣，沒有理由敵人就永遠都是敵人，朋友就永遠都是朋友，是敵是友甚至連這一生都還不一定能夠確定。今天的朋友或許過不了幾天關係就變了。

這點可以從我們的生活經驗中獲得證實；在政治界尤其是這樣：今天的盟友，下一刻鐘可能就成了你最可怕的敵人！生命的基本結構就是這麼充滿了不確定性；有時成功、有時失敗，卻總是不斷地在改變、改變、改變。所以我們對於朋友和敵人的既有情感完全是個錯誤，沒有理由相信這些關係永遠不變；傻瓜才這麼相信，不是嗎？這麼去想就會逐漸幫助你培養出平常心。

接下來我們應該考慮的是，既然我們的敵人過去生中曾經是、未來生中早晚也會是我們的朋友，爲什麼不乾脆把三個人統統當作自己的朋友豈不是更好？你也可以斟酌看看表達憎恨對你有什麼好處？會有什麼後果？答案再明顯不過了。但如果你能對這些人慈悲相待，自然會有好結果。從這點我們也可以看出，爲什麼對於上述三類人我們應該要用相同的慈悲心對待。

拿這份慈悲心擴展到你的鄰居身上：一個一個來，先從街的這邊開始，再擴大到街的另外一邊。接著再擴展到整個國家，然後整個大陸，接下來這世界上所有的人們，最後擴及到無邊無界的一切眾生。這就是修行七項精要因果教導的方法。

培養利他心胸的另外一種方法稱等觀自我與自他相換。現在我們應該來檢視哪一邊比較重要：是我自己還是他人？作個選擇吧，沒有其他選項，就只有這兩項。誰比較重要？你還是他人？他人的人數比你大多了：你只有一個人，他人卻是無窮無盡。很明顯地，不管是你或是他人都不想受苦，都想要幸福，而兩方面也確實都有權利去追求幸福克服痛苦，因爲雙方都是眾生。

我要的幸福？

如果我們問：「爲什麼我有權利幸福？」最終的原因會是：「因爲我要幸福。」除此之外沒有其他的原因。我們會覺得有個我存在，這感覺很自然也有點道理，我們就是因爲有著這個我所以想要幸福。光憑這一點就足夠支持我們具備追求幸福的權利；這是人類的權利，也是眾生的權利。現在如果我們擁有克服苦痛的權利，其他的眾生自然也有相同的權利。而且，所有眾生基本上也都天生具足著克服苦痛的能力。唯一的區別是，我只有

一個，而其他人卻是絕大多數。所以結論很明白：就算是只有一個小小問題、一點小小苦痛發生在其他眾生身上，它的範圍也會是無邊無盡；但如果是發生在自己身上，那麼會影響到的就只有一個人。當我們用這種方法把其他人也同樣視爲眾生，這個自己就似乎沒有那麼重要了。

讓我來說明禪修時我們是怎麼做到這一點。底下是我自己的作法，但是我常向別人提到這方法。想像在你面前有一邊是你原本自私的自己，而在另一邊則是一群窮苦的人們。你在中間當作那個中性人、那個第三者。然後判斷看看哪一邊比較重要：你應該加入自私、愚蠢、自以爲中心的這個人這邊呢？還是選擇那些窮苦無助的人們？只要有副人類的心腸，都自然會被吸引到窮苦的這一邊。

這類的禪修有助於培養出利他的心胸；你會慢慢瞭解到自私是多麼糟糕的行爲。在這一刻以前，你的行爲就是這樣，但你現在終於能夠瞭解你以前有多麼糟糕。沒有人會願意當個壞人，要是有人說：「你是個壞人」我們會很生氣。如果我們眞的不想當壞人，那麼這個選擇權就操控在自己的手裡。如果我們訓練自己行爲端正，我們就會變成好人。除了自己，沒有其他人能決定我們是好是壞，沒有任何人有那種權利。

家庭、國家以及整個世界的和平，最終的源頭就在於利他的心胸，也就是大悲心和慈愛心，觀想這個事實對於培養利他心也有非常大的幫助。盡量觀照這些技巧能讓我們產生信心、願力和決心，用這樣的決心每天、每月、每年不斷地嘗試、嘗試、再嘗試，就能改善我們自己。憑著利他的動機，每一件事情都能教我們累積功德——這就是美德無遠弗屆的力量。

六度——修行田地中的養料

從佛教的角度來看，我們能幫上眾生什麼忙呢？有一類慈善的作法是去施捨，像是食物、衣服等財物或是提供地方安頓他人，但這畢竟有限，因爲這不能帶來完全的滿足。我們自己的經驗明確地告訴我們，我們的心靈經過逐漸淨化，會變得愈來愈快樂；這方法同樣也適用於其他人。所以要緊的是他們也能夠明白怎麼樣修行才能夠獲得幸福，爲了幫助他們學習這些科目，我們自己要有完全的能力教導他們。另外，正因爲眾生有各種不同的習氣、興趣、潛力和態度，我們要是不能善加應用各種善巧方便的言語，就沒有辦法滿足他們的願望。除非我們能夠克服讓我們心識連續體無法開展一切智的障礙，不然我們就根

本沒辦法作到一點。所以，爲了救度眾生，我們就得發大願誓成佛道，到那時候所有障礙一切智的無明就都已經根除。

就是因爲這樣，所以菩薩心被描述成爲了眾生幸福而誓成佛道的願心。雖然最終的目的是成佛後救度眾生，但就實際的修行來說，菩薩❷所從事的是根據自己的能力，實施從物質的布施開始的六度之行：布施、持戒、忍辱、精進、禪定、智慧。

布施的意義是從內心深處培養出不求回報的慷慨心胸；把慈善的行爲和它的善果奉獻給其他一切眾生。

至於持戒，菩薩的根本修行就在於戒除自我本位。因爲善行要能成就，前提是要能夠不傷害他人，所以必須根除傷害他人的習氣，這就必須藉由戒除自我本位的心態才能達成。因爲有了完全利他的心胸，害人的心根本無處立足。所以戒除自我本位的心態最是關鍵。

要能夠持戒，必須先培養忍辱。忍辱非常重要，這是因爲它是在自他平等與自他相換訓練過程中的主要堡壘。修持寂天菩薩在《入菩薩行論》❸中談論忍辱與禪定的章節裡所提到的技巧最有幫助；在這部經裡，寂天菩薩也對於等觀自他與自他相換作了說明。修行忍辱可以為等觀自他與自他相換的訓練奠下根基。其實最困難的要算是對敵人產生感情和敬意，當我們從忍辱的角度來看，敵人不僅不會帶來傷害，而且還是最仁慈的護持者。我們會想：「要不是有個人來傷害我，我還眞的沒有辦法善養忍辱心，讓自己受到傷害也不在乎。」

正如寂天菩薩所說，我們可以修行慈愛的對象很多，但是能夠讓我們修忍辱的對象卻很少。正因為物以稀為貴，所以敵人才是最仁慈。修行忍辱能夠增進我們的功德，可是要修行忍辱又非得要有敵人幫助才行。這麼說來，敵人還眞是我們累積功德的最主要助緣；不但不是障礙，還是助緣。

在《入菩薩行論》裡，寂天菩薩作了一個假想的駁斥：「問題是敵人的動機並不在於幫助人，所以不應該受到尊重。」寂天菩薩的回答是，一件事物要能幫助人並不一定要有助人的動機。如果動機是必要的，我們就沒辦法對於解脫的境界產生信心。所以就算敵人

❷菩薩：梵語菩提薩睡的簡稱，漢文意譯是「覺有情」，指覺悟的有情衆生。
❸《入菩薩行論》：byang chub sems dpa'i spyod pa la 'jng pa, bodhicāryāvatāra，版本與翻譯見書末書目。

的幫助是無心的，只要他們有所助益，還是可以尊敬他們。

寂天菩薩接著又提出進一步的假設反對：「就算解脫的境界沒有助人的意願，卻也不會有害人的想法；敵人就不一樣了，他們有傷害人的想法。」寂天菩薩的回應是：「正因爲一個人有害人的心，所以那個人才叫『敵人』：你要修行忍辱，就需要有敵人。就好像一位醫生，他會試著去幫助你，所以你不會認爲他是敵人，這樣他就沒辦法提供給你一個能夠讓你修行忍辱的狀況。」這就是古代大德菩薩的經驗和理論。用這種模式思考很有幫助，它能夠讓人常保快樂。寂天菩薩的理論是，如果某件事是可以補救的，就沒有擔心的必要；要是沒辦法補救，那麼再多的擔心也沒有用處。

忍辱的另一種形式是了苦，也就是自願承受痛苦。

在痛苦發生之前，要緊的是盡量想辦法避免痛苦，但是痛苦一旦開始，我們就不應該把它看成是一項負擔，而應該是一件有益的事情。原因有很多，其中一項原因是，靠著這輩子所承受的一點小小苦痛，我們就能夠淨化許多過去生中所累積的惡行業因。除此以外，受苦也能幫助我們看清楚流轉生死的缺點和壞處：愈能夠瞭解輪迴的壞處，愈能夠讓我們厭惡惡行。受苦也能凸顯出解脫的特質和好處。還有，從自己受苦的經驗裡也才能體會別人的痛苦，從而發心幫助他們。用這種方式來看待痛苦，我們會發覺它給我們多作修行、多加思考的大好機會。

六度的第四項是精進。精進的許多種類當中有一種稱爲「披宏誓鎧」；它可以避免我們因爲無法立刻見到成果而產生退轉的心。精進讓我們千億萬劫仍然願意戮力修行以獲得成就。

問答錄

問：懷孕時，心識是混合於發育中的身蘊？還是在出生不久前才進入肉體？

答：有種說法是在受孕的時候心識就已經進入胎體。殺害某人有兩種意思：殺害某個人，或是殺害在成形過程當中的人。後者所謂的成形過程就是指從受孕一直到出生的這段時間。

問：當我們診知腹中胎兒有嚴重的肢體殘缺時，墮胎是否恰當？

答：有些時候如果胎兒肢體殘缺非常嚴重，未來必須承受巨大痛苦，這時墮胎是可以

允許的。不過就原則上來說，墮胎涉及到殺生的問題，所以並不應該。最主要的考量應該是動機。

問：如果一個女人明明知道不該殺生卻又選擇墮胎，她的果報會是什麼？

答：有種說法是如果不是情非得已，明知故犯的後果會更爲嚴重。

問：我們當中有些人曾經墮過胎但是現在已經開始修持佛法，對於她們您有什麼建議？

答：當錯誤已經造成，知道錯後，可以（在眞實的或想像中的聖者前面）揭露懺悔，發心未來不再犯同樣的錯誤，這可以減輕惡業的力量。

問：在西方，吸毒、酗酒成癮的問題愈來愈嚴重。您有什麼建議可以讓上癮的人幫助自己，或是能讓他身旁周遭的人幫助他？

答：吸毒的時候，我們的心智受到平常以外的另一層幻覺影響。我們當然不需要雙重幻覺，我們需要的是解決根本困境的方法。瞭解輪迴的本質和修行利他主義應該會有幫助。

問：可不可以請您談談安樂死？安樂死有兩種方法：一種是停止治療；另一種是施予特定藥物，讓生命在短短數分鐘之內就結束。

答：這同樣也有例外的狀況，但是基本上還是讓病人自然死亡最好。我們的經歷都源自於我們過去所造的業因，所以必須要能夠隨順❹果報。我們先要盡可能地避免痛苦，如果問題還是無法解決，我們就必須要把苦痛看作是過去所造業因的必然後果。

問：聖座，您之前曾經說過有一個微妙的心識像是流水一般從一生延續到下一生，但是在成就解脫後，這條心識的接續流體在死時是什麼情況？它還會繼續延續下去嗎？

❹隨順：隨從因緣而不抗拒排斥。

答：最微妙的心識層次會延續到成佛，成佛之後依然延續，永不消滅。

問：我們有許多人生活得很愉快，所以無法想像為什麼要厭離生活，也因為這樣佛教有些教義看起來似乎過於壓抑。您可以給些意見嗎？

答：從佛法的角度來看，這是因爲不瞭解痛苦由許多不同層次造成。如果你是眞的快樂，那就沒有問題。

問：沒有造物主的觀念，對於我們佛教徒和其他宗教教徒一起修行會造成哪一種程度的影響？

答：眾生的習性和興趣有很大程度的不同，所以造物主的理論總會適用於某些眾生，對他們有幫助，所以你也無須操心要和這些眾生共修。有相當多相信有造物主的人們已經達到無私的境界，這就證明了因材施教的好處。當我們看到他們的成就，對於其他宗教的敬意就會油然生起。

問：我曾經讀過佛法無我的教義，通常被譯成「無靈魂」（no soul）。之前您談到貫穿生生世世最微妙的心識連續體是業力的承受體。這和基督教的靈魂觀念有什麼不同？先不談論輪迴的問題，因為正統基督徒並不接受這種說法。

答：我不是很清楚基督徒對於靈魂的定義。從古印度開始就有些教義系統主張有一個恆常、統一而獨立的我，梵文稱作「atman」，但佛教沒有這樣的主張。

問：我要如何才能克服從小到大對於兇惡、敵對態度的恐懼？

答：培養珍惜他人勝過珍惜自己的態度會慢慢有些幫助，但是得花上一些時間。還有，如果這樣的念頭經常讓你不舒服，最好試試看別去想它。

問：對於不相信因果或輪迴的佛教徒，您有什麼樣的看法？

答：這是個值得思考的問題。一般來說，我們說一個人是不是佛教徒取決於他是否認定佛、法、僧三寶為皈依處。不過也會有人雖然皈依了三寶，對於較為複雜的問題，像是過去生、未來生、果報等並沒有多加思索。另一方面，有些西方人比較會思考這些問題，

卻無法馬上接受三寶而抱持懷疑的態度，但對於佛、法、僧還是有著高度的評價。我們可以說，後者就是即將成爲佛教徒的人。還有，雖然佛法並不主張有一個恆常、統一而獨立的我，有些佛教徒可能也沒辦法立刻就能接受這樣子無我的想法。

問：和自己同住著的人們，如配偶、家人等等不作修行，怎麼可能修行佛法？

答：佛法修行是個人的事；像是讀經等修行不一定要和大家一起作。

問：對於一個有份工作但是想完成藏傳佛教修行的平凡西方人，您有什麼建議？如果他也無法出家或是參加為期三年的閉關的話？

答：大家應該留在社會裡，做原有的工作，然後一方面貢獻社會，一方面在內心裡作分析、修行。在日常生活裡，你應該去上班，工作，然後回家。如果能犧牲一些深夜的娛樂活動，早點睡覺然後早點起床來作些分析觀照會很有益處。然後好好吃頓早餐，再慢慢走路或開車去上班。偶爾經濟無虞時，花個幾個禮拜到佛教國家參訪。我想這樣比較實際而且有效。

問：怎麼樣才能不用牽扯太多的智識哲學而能簡單瞭解空的意義？

答：我過去這幾天所說的不是相當簡單的嗎？最主要的觀念是，事物如果經過分析檢驗，你會找不到它們。可是這並不表示它們不存在，這只是說它們缺乏本有的存在。如果你一遍又一遍地這麼思索，不久你就一定能夠覺悟。

問：利他和瞭解空性在修行上如何合在一起？

答：在大乘經乘裡，以利他為目的而求覺悟的修行就是累積功德法財的方法，我們觀照空性就是受到這些修行的影響。同樣地，觀照空性會累積智慧；然後，在確定物相是空性的而沒有自性的影響下，就能培養出能成就覺悟的利他願力。

問：對於臨終者我們應該怎麼幫助他？我們應該跟他們說什麼？

答：最要緊的是不要打擾臨終者的心識。還有，喚醒他對於自己所熟悉的宗教修行的記憶也很重要。對於沒有宗教信仰的人，我們應該讓他們祥和、放心地往生。就像我們之前對於十二緣起的說明，這是因為臨終時一個人的心識對於決定哪一種果報將被啓動、下

一生將會投生什麼道極爲重要。

對於有修行佛法的臨終者，則可以利用許多種不同層次的禪修方法：禪修空的意義，培養能成就覺悟的利他願力，禪修本尊瑜伽，進行風息的鍛鍊，甚至禪思難以名狀的喜悅和空性的崇高智慧、進行心識的移轉等等。不管觀照的力量或利益有多麼抽象，要緊的是要能夠引導臨終者按照他熟悉程度作適當的修行。因爲瀕臨死亡時，人的警覺性等等都會退化，所以要他們進行不熟悉的修行根本說不過去。最好是提醒臨終者做適合他程度的修行。

5
慈悲與智慧的結合

密咒——快速有效達到禪觀

我們前面提過，一個凡事以利他爲動機的人，會藉由六度之行來成熟自己的心識連續體，而以四攝法來成熟他人的心識連續體。六度之中，愈是後面的項目愈難，成就也愈重要。而最後的二度就是禪定與智慧。

從顯教的角度來看，彌勒菩薩《現觀莊嚴論》裡所說的三十七道品❶，相應於以求解脫爲目的的覺悟以及爲求證得佛果的各種法門。這一切的根基都在於所謂融合了止住修（止）和觀察修（觀）的禪定。

密教（密咒或是密續）就是能夠快速有效地達到禪定的方法。它包含著四部：即事部、行部、瑜伽部以及無上瑜伽部。前三部雖然各自有不同的修行方法，在一般程序的模式上仍大致相同。不管是圓滿乘❷（Perfection Vehicle）還是密咒乘，它們的修行法都根植於以利他爲目的而求覺悟的意圖以及自體性空的見解。另外，密咒的偉大則源於禪定。所以有人甚至說過密咒的經文也包含在顯教的經集中❸，因爲禪定正是它們的主要課題。

密咒乘是如何藉由禪定來彰顯它的獨特性呢？它又如何運用更深奧的方法來強化融合

了止住修和觀察修的禪定？一個人要是受到以利他爲目的而求覺悟的激發，便會以完全覺悟當作自己的修行目標；這樣的佛陀境界便會兼具有成就自己幸福的法身以及成就他人幸福的色身。止住修和觀察修這兩個修行法都把成就色身當作目標，爲的就是救助他人。有些色身具有佛身的主要或次要特徵。在顯教的圓滿乘裡，成就這種佛身的方法是先以發大悲心、以利他爲目的而求覺悟出發，修六度以累積功德而得成就。密續的特點在於，除了這些修行之外，還修持與所希求的色身相應的方法：也就是觀想自己當下就是佛陀的生身。這種修行就稱爲本尊相應，因爲這種修持法和想要成就的結果一致，所以修行起來特別有效而且力量強大。

❶三十七道品：又叫作三十七菩提分法，是追求智慧進入涅槃境界的三十七種修行方法，包括四處念、四正勤、四如意足、五根、五力、七菩提分、八正道分。

❷圓滿乘：指大乘的經論派，如華嚴經被稱為圓滿經。

❸在此指的是：mdo sde, sūtrāuta.

密咒的獨特之處在於它是方法與智慧無法分割的瑜伽。在圓滿乘裡，利他的方法和智慧是彼此互為影響的獨立項目。利他的方法會受到智慧力量的影響；智慧也同樣會受到利他方法的力量所左右。這兩者在密續裡為什麼無法分割呢？在修行本尊相應的時候，單一的心識會包含下列兩項因素：對於本尊身體的觀想，以及同時間對於該身相本體性空的證知。對於本尊身體的觀想屬於同體大悲，能累積功德，所以本尊相應的心識具有利他方法的特徵。因為相同的心識又能證知本尊身相本體性空，因此也能累積智慧，就這樣，與本尊相應的同一心識也同時具有智慧的特質。雖然在認知上，方法與智慧仍然可以有所區別，在實際上則都含括於同一識體中。

瑜伽行者會刻意觀想自己的心識具有本尊身相的外觀。當他們觀想自己就是本尊進而了悟這個神聖身的空性時，由於這特殊的對象——神聖身是空性的基礎，所造成了悟的影響有所不同。

還有，在圓滿乘裡，在觀想自身以及五蘊空性時，修行者並不會刻意運用方法來讓所觀察的物相維持現行不讓它消失。但在密續系統裡，修行者則會特別訓練自己在證知神聖身的本體性空的同時，仍然不讓它消失。在觀想神聖身時，藉由同一心識的認知模式就可以證知該化身的本體空性。所以有人說瞭解空性的智慧心識當中，有個部分就是以本尊的方式出現。

無上瑜伽部——由身調心成就佛身

對於利他方法和智慧不可分割的事實，無上瑜伽部提供一個更爲深入的說明。這種解釋把焦點集中在原本就無可割離的細微身、心因素上；這些更爲微妙的因素包括極爲細微的風息（即氣，能量），以及極爲細微的心識。要從事這一個層次的修行，必須要有強大的力量阻止較爲粗糙的風息和心識。爲了能夠做到這一點，無上瑜伽部也藉由強調不同的身體部位，說明許多不同的技巧。這就是脈、氣和明點❹的修行。

一般來說，培養洞察力經常都和觀察修有關；但由於這些特殊因素的關係，在無上瑜伽部裡強調的反而是止住觀。較爲粗糙的心識能夠藉由分析與探究獲得證知，但是，當修

❹脈、氣和明點：識依止的地方，是構成生命活動的物質。

行者刻意顯現藉由瑜伽的力量所引發的微妙心識時（而不是因為像在臨終時候，業力所自然引發的微妙心識），這時候的粗糙心識已經止息，而微妙心識則能夠完全證知意義。修行人如果在這時刻作觀察修，反而會令微妙心識停止，讓粗糙心識復位。既然較為細微層次的自我能夠補償未作分析的損失（觀察修的目的本來就是賦予心識深入證知的能力），所以修行者這時候便不作觀察修，而以止住修取代。

無上瑜伽部提出兩套證得佛身的主要觀照理論❺；一個是微妙風息與心識兩者都觀；另一種則是只觀微妙心識。在新譯❻密法中大多數的無上瑜伽密續裡，像是《密集續》和《勝樂輪續》，重心是擺在微妙風息和心識上來成就佛身。然而在時輪系統❼中，唯獨微妙心識受到重視；大手印❽與大圓滿❾的修行同樣也主要強調微妙心識。

從其他角度來看，也有人認為在所有的無上瑜伽密續裡，有一派的密續著重於脈、氣和明點的修行以彰顯最根本的清淨光明根本心識；還有一派密續則不重視脈、氣和明點的修行，只以修行非意識心境來彰顯該根本心識。在前一派裡，有些密續特重風息瑜伽，像密集續就是；也有的密續著重四喜，像勝樂輪續就是。而大手印與大圓滿的修行則屬於只修行非意識心境以證清淨光明根本心的後一派。

在修行密續之前必須要先接受灌頂❿，在接受灌頂之後要緊的則是持守誓願。灌頂時，灌頂者將一脈傳承的祝禱加持受灌頂者。雖然加持也能夠以像是誦經等其他方式達成，能夠接受來自於活人心識連續體的加持還是最好，因為加持的利益在心識內比較容易形成。就因為這樣，上師在密續乘裡特別受到敬重。我們已經談過皈依上師所應該留意的事項，在這裡我只想再作一點補充說明：有人說當一個宗教的修行者不再如法修行時，這

---

❺一般大乘的說法是從初發心要經三大劫的修行才能成佛，密續中則有即身成佛的說法。

❻新譯：西藏翻譯佛經以仁欽桑波譯師（西元九五八至一〇五五年）為斷代，之前翻譯的叫舊譯密法，之後翻譯的叫新譯密法。完全以修舊密法為主的統稱為寧瑪派，薩迦（Śa-ḡya）、噶舉（Ga-gya）、格魯（Ḡe-luk）則是修持新密法的教派。

❼時輪系統：達賴喇嘛對時輪系統的對話，見 Tenzin Gyatso and Jeffrey Hopkins, *The Kālachakra Tantra: Rite of Iuitiation for the Stage of Generation* (London: Wisdom Publications, 1985; Second rev. edition. Boston: Wisdom Publications, 1999).

❽大手印：mahāmudrā, pbyag rgya chenpo. 噶舉派的主要修行方法，也叫作大印。

❾大圓滿：rdzog cben. 寧瑪派的主要修行方法。

❿灌頂：initiation, dbang bskur, abhiṣeka, 本來是印度國王即位的儀式，以水灌於頭頂表示祝福。現在是密教的一種儀式，有許多不同的方法形式。

會是這個宗教即將衰敗的壞兆頭。

密續本尊——水中映月應化身

佛教裡雖然沒有所謂的造物主，在它林林總總的灌頂形式裡卻有數量極多的本尊。我們是什麼？之前我們談過，在菩薩行的初始，修行者總會發願，把成就利他的佛陀色身當作自己修行的目標，目的就是為了帶給其他有情眾生宏大而有效的幫助。一旦證得佛果後，不用刻意就能夠自然顯現色身以救度眾生。但就好比月亮的倒影還需要有能夠顯影的物體才能顯現，佛陀色身的自發示現也同樣需要有眾生當作鏡子才能成事。另外，倒影是否清楚、是大是小等問題也都有賴顯現影像的鏡面而定；同樣地，本色身的顏色、外型等各個方面，也必須依照不同修行者不一的興趣、習性、信仰及需求等來作決定。就因為這樣，在密續前三部裡的本尊便是利用欲界的五種樂境，也就是悅人的色、聲、香、味、觸等五境來作示現，但這其中並不帶有一絲男女交媾的樂境。對於無法利用這些欲界樂境的修行者，佛陀的色身會以具有比丘形貌的無上化身出現，就像釋迦牟尼佛一樣。

如果修行者的性向和能力適合修行無上瑜伽，而且善根也開啓了，示現在他們面前的則會是交合中的男女本尊的色身。對於能夠以忿怒修道的行者，本尊的色身會以忿怒相示現。而對於能夠善用欲望的行者，則現祥和相。所以色身會依照修行者的根器作不同的化現。

一位佛陀可以示現爲一尊本尊，也可以同時示現成許多化身。像是密集佛，他在某個壇城⓫裡就示現了三十二身。但這並不表示有著三十二位佛陀：事實上佛陀只有一位，其他的都只是化身而已。所以在所有的本尊裡，有許多都只是化身，也就是某一位佛陀的倒影。

四種觀見——藏傳佛教四教的看法

當我們使用「見⓬」（view）這個詞的時候，必須要對照上下文才能決定它的意義。

⓫古印度修法時必須築壇，壇中放置佛像，後來這一儀式改用繪圖。壇城被認為是佛、菩薩、聖者居住的地方。

⓬見：lta ba.

就像「感覺」這個字可以指感覺的主體，也可以指被感覺的對象；所以「見」這個詞除了指觀察、理解事相的心識以外，同樣也可以指被心識所觀察、理解的對象。在無上瑜伽裡，「見」最主要指的是觀察理解事相的心識。根據這種特殊的說法，所觀察的空性雖然毫無差別，從事觀察的主體，也就是大樂心識（the great bliss consciousness），卻有不同。從同樣是以空性爲觀察對象的角度來看，薩迦班智達認爲顯教和密教的見是一不是二；許多格魯派的典籍裡也都抱持相同的看法。

薩迦派的看法：輪涅無二

在薩迦派的教義裡，隨著無上瑜伽的四種不同灌頂則有著四種不同的觀見：也就是寶瓶灌、祕密灌、智慧灌和句義灌等四種。無獨有偶的是，在格魯派的典籍裡，像是嘉木樣協巴[13]的《大宗義[14]》，也認爲無上瑜伽的殊勝之處就在於它的見，而該處所說的見指的正是觀察的主體，也就是大樂智慧。所以，學者間所謂顯教、密教見無二的說法，指的其實就是觀察的對象，也就是空性，因爲在這方面顯密二教並沒有不同的地方。當他們說顯密二教見不同時，指的才是觀察空性的心識，因爲無上瑜伽續提出了能夠更強而有力觀察空性的更微妙心識。白教（噶舉派）和紅教（寧瑪派）的典籍同樣認爲密教的見要比顯教來得殊勝，這都是就該層更爲微妙的心識來說。

薩迦派的典籍裡提出輪迴和涅槃無可差別的看法，並且表示這是從一切根本的因果連續體來看。對於這個因果連續體，印度各個班智達之間和薩迦派內部都有稍微不同的解釋，但是整體上都認同它是指心識的眞實本性。從另一個不同的角度來看，《密集續》則提到不同的學生會有不同的根器；慧根最利的學生稱爲「如同珠寶的人」（即仁波切）；這樣的人可以說就是我們所謂的一切根本的因果連續體。

按薩迦派的說法，大學者茫拓祿枳嘉措[15]認定這個因果連續體就是清淨光明根本心。薩迦派的另一支說法則認爲它指的是一個人所有的有染聚集、成分以及入處（即感知領

---

⑬ 嘉木樣協巴：'jam dbyangs bzhad pa'i rdo rje ngag dbang brtson grubs; 1648-1721.

⑭《大宗義》：grub mtha'i rnam bshad rang gzhan grub mtha' kun dang zab don mchog tu gsal ba kun bzang zhing gi nyi ma lung rigs rgya mtsho skye dgu'i re ba kun skong' grub mtha' chen mo. 版本與翻譯見書末書目。

⑮ 茫拓祿枳嘉：mang thos klu sgrub rgya mtsho; 1523-96.

域）。也有人說在因果連續體裡，所有輪迴的現象就本性來說實爲圓滿；所有法門的現象就體性來說也是圓滿的；而圓滿的佛道所有現象實際上是就果地⓰來說。

關於輪迴與涅槃平等的看法，龍樹菩薩在顯教裡的《六十如理論》裡說到：

輪迴與涅槃（本來）都不存在⓱
所謂「涅槃」僅是對輪迴的認知

在顯教裡，眞實界即是涅槃；眞實界裡輪迴空無本體的事實了了分明、一切痛苦根源全都滅絕。對於輪迴和涅槃平等的說法，薩迦派有一支的解釋是，染著的身、心聚集現象其實在原先就是清淨無染的身、心聚集，而它們的基礎就在於四部「曼達」：身脈、風息、明點和種子字⓲。這四部被視作佛陀四身的實體。

根據茫拓祿枳嘉措的說法，所有輪迴和涅槃的現象都應看作是清淨光明根本心的遊戲或反映，因爲在清淨光裡兩者都享有相同的覺受。這就是輪迴與涅槃無可差別的看法，所以這個教義事實上根源於根本心。

噶舉派的看法：大手印

在噶舉派裡，禪修大手印是藉由四種瑜伽達成；專注、離戲論、一味以及無修。前兩者有人說和顯教相同：藉由專注瑜伽可以達成心識止住，經由離職瑜伽則可以洞察空性。另外，藉由一味瑜伽可以獲得殊勝的洞見能力；憑藉該力，所有正在出現以及正在發生當中的現象，在清淨光明根本心都被看作是一味。當這個密續獨有的瑜伽力量增強時，就變成了無修瑜伽。龍樹菩薩有一部討論《密集續》體系的著作《五次第[19]》（*Five Stages*，譯者按：因爲沒有漢譯本，所以照英文直譯），裡面說到當一個人達到純粹的身與心融合的時候，便再也沒有新的事物可學。

---

⑯ 果地：又叫作果位，是指覺悟的狀態。不同乘的果地有不同的說法。

⑰ rigs pa drug cu pa'i tshig le'ur byas pa, yuktiṣaṣṭikā karikā：第七偈，藏文本連同梵文殘本和英譯合編的集子，見 Chr Lindtner in Nagarjuniana, Indiske Studier 4(Copenhagen: Akademisk Forlag, 1982), pp. 100-119.

⑱ 種子字：是以一個悉曇字（古印度文）或藏字代表一位本尊。

⑲ 《五次第》：rim pa lnga pa, pañcakrama, p2667, vol. 61.

大手印見地是這麼說的：

心識就是本俱法身。

表相則是本俱法身的波動。

心識，也就是本心，就是本俱法身、清淨光明根本心。所有清淨與汙染的表相都是該法身的遊戲：它們都是起源於清淨光明根本心。

格魯派：中道

就格魯派來說，要把像是大手印的見地硬說成和中道的見地相同並不恰當，如果說它是中道的一種特殊見地還比較說得過去。在格魯派裡，這種特殊見地可以在禪修結合無上瑜伽續的中道見當中發現。用這樣的方式思考，那麼在格魯派版的無上瑜伽續裡空樂的融合，尤其是本有層次的融合，的確可說是和大手印的看法無異。格魯派裡談論經典甚至是密咒的典籍裡，都強調以所觀對象爲定義的見，也就是空性，但它們在談論密咒的典籍裡所提到的見卻又經常指的是觀察的主體。此外也有人說，所有清淨與汙濁的現象雖然一般都被理解成是空性的遊戲，卻也可以被看成是主體，也就是從事觀想的心識、清淨光明根本心的遊戲。一如龍樹菩薩在他的《五次第》裡所說：

> 瑜伽行者於幻夢般禪定中止住時，
> （所觀）一切皆如其境。

瑜伽行者在他們幻夢般的禪定中止住時，會把所有正在出現以及正在發生當中的現象（也就是定中所有的眾生與物境），當作是如幻夢般禪定的遊戲。

寧瑪派：大圓滿

就大圓滿的觀點來看，它的解釋方法非常不一樣，但所指涉的對象則完全相同。對於這一點，我最主要的根據是偉大的學者、同時也是傑出的瑜伽行者吉美登巴尼瑪[20]的說法。大圓滿所說的根本指的是清淨光明根本心，但他們稱它爲「一般心識[21]」（ordinary consciousness）。心[22]（mind）與根本心[23]（basic mind）有所區別：「一般心識」指的即是後者。

在寧瑪派的體系裡，無上瑜伽續本身又可分爲三支：瑪哈瑜伽、阿努瑜伽以及阿底瑜伽。阿底瑜伽就是大圓滿，又可細分爲三：心部[24]、界部[25]和口訣或要門部[26]。誠如吉美登巴尼瑪所說，所有新譯派以及舊譯派裡有關無上瑜伽續的典籍，所教導的都只有清淨光明根本心的修行。它們的差異解釋如下：在其他系統裡，修行者在初階時所作的修行大多和名相有關，爲的是彰顯清淨光明根本心。但是在大圓滿的修行裡，從一開始就不太注重名相的運用，只依賴口訣來強調根本心。這就是爲什麼它會被稱作是不作意說。

因爲大圓滿的修行極度強調清淨光明根本心，所以它包含了對於二諦的特有見解，稱爲特殊二諦㉗。對於這點我們可以約略這麼解釋：事物的根本實相我們稱之爲眞諦；相對地，偶發無常的事理則稱爲俗諦。就這種觀點來說，清淨光明根本心無有偶發事相所構成的俗諦，所以是種「他空」；這是就客體對象的空性來說。但是，清淨光明根本心仍然具有根本清淨的本質，所以還是不脫佛陀次轉法輪㉘時所開示性空的本質。

---

⑳吉美登巴尼瑪：rdo grub chen'jigs med bstan pa'i nyi ma: 1865-1926.

㉑一般心識：the mal pa’ i shes pa.

㉒心：sems.

㉓根本心：rig pa.

㉔心部：sems sde.

㉕界部：klong sde.

㉖口訣或要門部：man ngag gi sde.

㉗特殊二諦：lhag pa’ i bden gnyis.

㉘轉法輪：佛講經說法稱為轉法輪。佛成道後初次在鹿野苑說法稱為初轉法輪，說般若法義為次轉法輪，三轉法輪則為闡述三乘會一的義理。

陳述他空的因緣是爲了說明次轉法輪時所說的自性空與三轉法輪時所稱的佛性的兼容性。就爲了這原因，某些口傳教派裡便以「好的」他空來描述它，以便區別爲了強調佛性而犧牲了次轉法輪教理，最終導致提倡佛性本俱的「壞的」他空。就這樣，藏傳佛教裡所有教派——寧瑪派、薩迦派、噶舉派和格魯派——當中許許多多的具德上師，都明確駁斥一種他空見解，即認爲最終本體眞有，並看不起認爲自性空即爲被譏笑的虛無我空。

正如從大喇嘛欽哲蔣揚確吉羅卓所說，寧瑪派的大修行者龍欽饒降巴提到的基、道、果，是從佛陀覺悟的角度來說法；另外，薩迦派的義理主要是從瑜伽行者行道的精神體悟著眼；而格魯派的說法則是從一般眾生理解事相的角度出發。這種看法似乎值得深思；透過這種看法㉙，我們就能夠消弭許多誤解。

身心融合——成就無上利他體用境界

在修行風息與心識並重的系統時，修行者會達到一種純粹身體與純粹心靈——幻身與淨光心——的融合；藉由這種融合就能達成佛道上利他體用的境界。在母續㉚（mother tantra）的特殊修行法裡，佛性是藉由虹光身達成。時輪系統強調的是心，而這一派成就佛性的方式是藉由空色身和無上不變的極樂融合而成。大圓滿的寧瑪派主要注重的也是心，這一派的修行是藉由四相的成就來消耗身體的粗糙因素，而和母續類似的是，修行者也會成就大移轉的虹光身。所有這些智慧與慈悲的體現，都是爲了幫助眾生脫離肇因於無明的痛苦輪轉。

㉙藏傳佛教四派的見地如何畢竟相關，進一步的討論見十四世達賴喇嘛的《圓滿之愛》（台北，時報文化，民八十）最後一章。

㉚母續：以闡述智慧空性為主的密乘經典。

詞彙表

英文	梵文	藏文	中文
action	karma	las	業
affirming negative	paryudāsapratiṣedha	ma yin dgag	非遮
afflictive emotion/affliction	kleśa	nyon mongs	煩惱；惑
afflictive obstruction	kleśāvaraṇa	nyon sgrib/ nyon mongs pa'i sgrib pa	煩惱障；惑障
aggregate	skandha	phung po	蘊；陰
aging and death	jarāmaraṇa	rga shi	老死
attachment	tṛṣṇā	sred pa	愛
birth	jāti	skye ba	生
bodhisattva	bodhisattva	byang chub sems dpa'	菩薩
compositional action	saṃskārakarma	'du byed kyi las	行業
compounded phenomenon	saṃskṛta	'dus byas	有為（法）
conceptuality/conceptual consciousness	vikalpa	rtog pa	分別
consciousness	vijñāna	rnam shes	識
contact	sparśa	reg pa	觸

英文	梵文	藏文	中文
conventional truth	saṃvṛtisatya	kun rdzob bden pa	世俗諦
conventionally	vyavahāratas	tha snyad du	世俗地
correctly assuming consciousness	manaḥparīkṣā	yid dpyod	意同
cyclic existence	saṃsāra	'khor ba	輪迴
desire realm	kāmadhātu	'dod khams	欲界
discipline	vinaya	'dul ba	律
doctrine	dharma	chos	法
doubt	vicikitsā/saṃśaya	the tshom	疑
emptiness	śūnyatā	stong pa nyid	空性
entity	vastu	ngo bo	事物
entity/substantial entity	dravya	rdzas	實體
exist validly	pramāṇasiddha	tshad mas grub pa	成
existence	bhava	srid pa	有
existent	sat	yod pa	有
existing by way of its own character	svalakṣaṇasiddha	rang gi mtshan nyid kyis grub pa	以自相而存在
existing in its own right/ existing from its own side	svarūpasiddha	rang ngos nas grub pa	以自色而存在 從自己這方面而存在
existing inherently	svabhāvasiddha	rang bzhin gyis grub pa	以自性而存在

英文	梵文	藏文	中文
external object	bāhyārtha	phyi don	外境
feeling	vedanā	tshor ba	受
foe destroyer	arhan	dgra bcom pa	殺賊者
form	rūpa	gzugs	色
form body	rūpakāya	gzugs sku	色身
form realm	rūpadhātu	gzugs khams	色界
formless realm khams	ārūpyadhātu	gzugs med	無色界
fruit	phala	'bras bu	果
grasping	upādāna	len pa	取
hearer	śrāvaka	nyan thos	聲聞
highest enlightenment	anuttarasambuddha	bla na med pa'i byang chub	阿耨多羅三佛
ignorance	avidyā	ma rig pa	無明
impermanent	anitya	mi rtag pa	無常
imputedly existent	prajñaptisat	btags yod	假名
inferential valid cognition	anumānapramāṇa	rjes su dpag pa'i tshad ma	比量；推論
inherently existent	svabhāvasiddha	rang bzhin gyis grub pa	以自性而存在
jewel/superior rarity	ratna	dkon mchog	寶
latency/predisposition	vāsanā	bag chags	熏習；習氣
manifest knowledge	abhidharma	chos mngon pa	阿毗達摩；對法

英文	梵文	藏文	中文
meditative stabilization	samādhi	ting nge 'dzin	定境；三屬地；三昧
mental and physical aggregates	skandha	phung po	蘊
mental consciousness	manovijñāna	yid kyi rnam shes	意識
mental factor	caitta	sems byung	心所
mind	citta	sems	心
mind generation of altruistic aspiration to highest enlightenment	bodhicittaparamotpāda	byang chub mchog tu sems bskyed pa	究竟位菩提心
mind-basis-of-all	ālayavijñāna	kun gzhi rnam par shes pa	阿賴耶識
mistaken consciousness	bhrāntijñāna	'khrul shes	亂識
name and form	nāmarūpa	ming gzugs	名色
negative phenomenon	pratiṣedha	dgag pa	遮撥；否定
non-affirming negative	prasajyapratiṣedha	med dgag	無遮
object	viṣaya	yul	塵；境
object of knowledge	jñeya	shes bya	所知
obstruction to liberation/ afflictive obstruction	kleśāvaraṇa	nyon sgrib	煩惱障；惑障
obstruction to omniscience of all phenomena	jñeyāvaraṇa	shes sgrib	所知障
path	mārga	lam	道
path of accumulation	saṃbhāramārga	tshogs lam	資糧

英文	梵文	藏文	中文
path of meditation	bhāvanāmārga	sgom lam	修道
path of no more learning	aśaikṣamārga	mi slob lam	無學道
path of preparation	prayogamārga	sbyor lam	加行道
path of seeing	darśanamārga	mthong lam	見道
person	puruṣa	skyes bu	人；士夫
person's emptiness of being permanent, unitary, and independent	nityaikasvatantra -śūnyapudgala	gang zag rtag gcig rang dbang can gyis stong pa	補特伽羅（我常依自立空）
product	kṛta	byas pa	所作
reason	hetu	gtan tshigs	因
self	ātman	bdag	我
selflessness of persons	pudgalanairātmya	gang zag gi bdag med	人無我 補特伽羅無我
selflessness of phenomena	dharmanairātmya	chos kyi bdag med	法無我
sentient being	sattva	sems can	有情
sets of discourses	sūtrānta	mdo sde	經集
six spheres	ṣadāyatana	skye mched drug	六入；六處
solitary realizer	pratyekabuddha	rang sangs rgyas	獨覺佛
space	ākāśa	nam mkha'	虛空
special insight	vipaśyanā	lhag mthong	觀

英文	梵文	藏文	中文
spiritual community	saṅgha	dge ‘dun	僧伽
substantially established	dravyasiddha	rdzas grub	實體所成
substantially existent	dravyasat	rdzas yod	實體有
sūtra	sūtra	mdo	經
tangible object	spraṣṭavya	reg bya	所觸
thing/functioning thing	bhāva	dngos po	有
truly established/ truly existent	satyasiddha	bden par grub pa	真實成立
truly existent/ truly established	satyasat	bden par yod pa	真實存在
truth	satya	bden pa	真；諦
truth body	dharmakāya	chos sku	法身
ultimate truth	paramārthasatya	don dam bden pa	勝義諦
ultimately	paramārthatas	don dam par	勝義地
uncompounded〔phenomenon〕	asaṃskṛta	‘dus ma byas	無為法
valid cognition	pramāṇa	tshad ma	量
wrong consciousness	viparyayajña	log shes	顛倒識

參考書目

Indian and Tibetan treatises are listed alphabetically by author in the second section. Other works are listed alphabetically by author in the third section. "P", standing for "Peking edition," refers to the *Tibetan Tripiṭaka* (Tokyo-Kyoto: Tibetan Tripiṭaka Research Foundation, 1956).

SŪTRA

Rice Seeding Sūtra

śālistambasūtra

sā lu'i ljang pa'i mdo

P876, vol. 34

Sanskrit and Tibetan texts: *Śālistamba Sūtra, Pratitya-Samutpāda-vibhaṅga Nirdeśasūtra,* and *Pratityasamutpādagāthā Sūtra*. N. Aiyaswami Sastri, ed. Adyar, Madras: Vasanta Press, The Theosophical Society, 1950

SANSKRIT AND TIBETAN WORKS

Chandrakīrti (*zla ba grags pa,* seventh century)

Clear Words, Commentary on (Nāgārjuna's) "Treatise on the Middle"
mūlamadhyamakavṛttiprasannapadā
dbu ma rtsa ba'i 'grel pa tshig gsal ba
P5260, vol. 98
Also: Dharamsala: Tibetan Publishing House, 1968
Sanskrit: *mūlamadhyamakakārikās de Nāgārjuna avec la Prasannapadā commentaire de Candrakīrti*. Louis de la Vallée Poussin, ed. Bibliotheca Buddhica IV. Osnabrück: Biblio Verlag, 1970.

English translation (Ch.I, XXV): T. Stcherbatsky. *Conception of Buddhist Nirvāṇa*. Leningrad: Office of the Academy of Sciences of the USSR, 1927; revised rpt. Delhi: Motilal Banarsidass, 1978, pp. 77-222.
English translation (Ch.II): Jeffrey Hopkins. "Analysis of Coming and Going."
Dharamsala: Library of Tibetan Works and Archives, 1974.

Partial English translation: Mervyn Sprung. *Lucid Exposition of the Middle Way, the Essential Chapters from the Prasannapadā of Candrakīrti translated from the Sanskrit*. London: Routledge, 1979 and Boulder: Prajñā Press, 1979.

French translation (Ch.II-IV, VI-IX, XI, XXIII, XXIV, XXVI, XXVII): Jacques May. *Prasannapadā Madhyamaka-vṛtti, douze chapitres traduits du sanscrit et du tibétain*. Paris: Adrien-Maisonneuve, 1959.

French translation (Ch.XVIII-XXII): J.W. de Jong. *Cinq chapitres de la Prasannapadā*. Paris: Geuthner, 1949.

French translation (Ch.XVII): É. Lamotte. "Le Traité de l'acte de Vasubandhu, Karmasiddhiprakaraṅa, " *Mélanges Chinois et Bouddhiques* 4 (1936): 265-88.

German translation (Ch.V and XII-XVI): St. Schayer. *Ausgewählte Kapitel aus der Prasannapadā*. Warszawa: W. Krakowie, 1931.

German translation (Ch.X): St. Schayer. "Feuer und Brennstoff." *Rocznik Orientalistyczny* 7 (1931): 26-52.

Jam-ȳang-shay-ba (*'jam dbyangs bzhad pa,* 1648-1721)

Great Exposition of Tenets: Explanation of "Tenets, "Sun of the Land of Samantabhadra Brilliantly Illuminating All of Our Own and Others' Tenets and the Meaning of the Profound〔Emptiness〕, Ocean of Scripture and Reasoning Fulfilling All Hopes of all Beings.
grub mtha' chen mo/ grub mtha'i rnam bshad rang gzhan grub mtha' kun dang zab don mchog tu gsal ba kun bzang zhing gi nyi ma lung rigs rgya mtsho skye dgu'i re ba kun skong
Mussoorie: Dalama, 1962

English translation (beginning of the chapter on the Consequence School): Jeffrey Hopkins. In *Meditation on Emptiness*. London: Wisdom Publications, 1983; rev. ed., Boston: Wisdom Publications, 1996.

Nāgārjuna (*klu sgrub,* first to second century C.E.)

Treatise on the Middle/ Fundamental Treatise on the Middle, Called "Wisdom" madhyamakaśāstra/ prajñānāmamūlamadhyamakakārikā
dbu ma'i bstan bcos/dbu ma rtsa ba'i tshig le'ur byas pa shes rab ces bya ba P5224, vol. 95

Edited Sanskrit: *Nāgārjuna, Mūlamadhyamakakārikāh*. J.W. de Jong, ed. Adyar: Adyar Library and Research Centre, 1977. Also: Chr. Lindtner in Nāgārjuna's Filosofiske Vaerker. Indiske Studier 2, pp. 177-215. Copenhagen: Akademisk Forlag, 1982.

English translation: Frederick Streng. *Emptiness: A Study in Religious Meaning*. Nashville, New York: Abingdon Press, 1967. Also: Kenneth Inada. *Nāgārjuna: A Translation of his Mūlamadhyamakakārikā*. Tokyo, The Hokuseido Press, 1970. Also: David J. Kalupahana. *Nāgārjuna: The Philosophy of the Middle Way*. Albany: State University Press of New York, 1986. Also: Jay L. Garfield. *The Fundamental Wisdom of the Middle Way*. New York: Oxford University Press, 1995.

Italian translation: R. Gnoli. *Nāgārjuna: Madhyamaka kārikā, Le stanze del cammino di mezzo*. Enciclopedia di autori classici 61. Turin: P. Boringhieri, 1961.

Danish translation: Chr. Lindtner in *Nāgārjuna's Filosofiske Vaerker*. Indiske Studier 2, pp. 67-135. Copenhagen: Akademisk Forlag, 1982.

Seventy Stanzas on Emptiness

śūnyatāsaptatikārikā

stong pa nyid bdun cu pa'i tshig le'ur byas pa

P5227, vol.95; Toh 3827, Tokyo *sde dge* vol.I

Edited Tibetan and English translation: Chr. Lindtner in *Nagarjuniana*.

Indiske Studier 4, pp.34-69. Copenhagen: Akademisk Forlag, 1982.

English translation: David Ross Komito. *Nāgārjuna's "Seventy Stanzas": A Buddhist Psychology of Emptiness*. Ithaca: Snow Lion Publications, 1987.

Sixty Stanzas of Resoning

Yuktiṣaṣtikākārikā

rigs pa drug cu pa'i tshig le'ur byas pa

P5227, vol. 95; Toh 3827, Tokyo *sde dge* vol. I

Edited Tibetan with Sanskrit fragments and English translation: Chr. Lindtner in *Nagarjuniana*.

Indiske Studier 4, pp. 100-119. Copenhagen: Akademisk Forlag, 1982.

Shāntideva (*zhi bal ha,* eighth century)

A Guide to a Bodhisattva's Way of Life/ Engaging in the Bodhisattva Deeds
bodhi〔sattva〕caryāvatāra
byang chub sems dpa'i spyod pa la 'jug pa
P5272, vol. 99
Sanskrit and Tibetan texts: Vidhushekara Bhattacharya, ed. *Bodhicaryāvatāra*. Bibliotheca Indica, vol. 280. Calcutta: The Asiatic Society, 1960.

English translation: Stephen Batchelor. *A Guide to the Bodhisattva's Way of Life*. Dharamsala: Library of Tibetan Works and Archives, 1979. Also: Marion Matics. *Entering the Path of Enlightenment*. New York: Macmillan Co., 1970. Also: Kate Crosby and Andrew Skilton. *The Bodhicaryāvatāra*. Oxford: Oxford University Press, 1996. Also: Padmakara Translation Group. *The Way of the Bodhisattva*. Boston: Shambhala, 1997. Also: Vesna A. Wallace and B. Alan Wallace. *A Guide to the Bodhisattva Way of Life*. Ithaca: Snow Lion, 1997.

Contemporary commentary by Geshe Kelsang Gyatso. *Meaningful to Behold*. London: Wisdom Publications, 1980

Vasubandhu (*dbyig gnyen,* fl.360)

Treasury of Knowledge
adhidharmakośakārikā
chos mngon pa'i mdzod kyi tshig le'ur byas pa
P5590, vol. 115
Sanskrit text: P. Pradhan, ed. *Abhidharmakośabhāṣyam of Vasubandhu*. Patna: Jayaswal Research Institute, 1975

French translation: Louis de la Vallée Poussin. *L'Abhidharmakośa de Vasubandhu*. 6 vols. Bruxelles: Institut Belge des Hautes Études Chinoises, 1971.

English translation from the French: Leo M. Pruden, *Abhidharmakośabhāṣyam*. 4 vols. Freemont, CA.: Asian Humanities Press, 1988-89.

OTHER WORKS

Dalai Lama XIV, Benson, Thurman, Goleman, et al. *Mind Science: An East-West Dialogue*. Boston: Wisdom Publications, 1991.

Gyatso, Tenzin, Dalai Lama XIV. *The Dalai Lama at Harvard: Lectures on the Buddhist Path to Peace*. Trans. and ed. Jeffrey Hopkins. Ithaca: Snow Lion Publications, 1989.

Gyatso, Tenzin, Dalai Lama XIV, and Jeffrey Hopkins. *The Kālachakra Tantra: Rite of Initiation for the stage of Generation*. London: Wisdom Publications, 1985; rev. ed., Boston: Wisdom Publications, 1999.

Gyatso, Tenzin, Dalai Lama XIV, *Kindness, Clarity, and Insight*. Jeffrey Hopkins, trans. and ed.; Elizabeth Napper, co-editor. Ithaca: Snow Lion Publications, 1894.

Hopkins, Jeffrey. *Meditation on Emptiness*. London: Wisdom Publications, 1983.

Joshi, L.M. "Facets of Jaina Religiousness in comparative Light," L.D. Series 85. Ahmedabad: L.D.

Institute of Indology, May 1981. pp. 53-58.

Lati Rinbochay and Elizabeth Napper. *Mind in Tibetan Buddhism*. London: Rider, 1980; rpt. Ithaca: Snow Lion Publications, 1980.

Lati Rinbochay and Jeffrey Hopkins. *Death, Intermediate State, and Rebirth in Tibetan Buddhism*. London: Rider, 1979; Ithaca: Snow Lion Publications, 1980.

Lindtner, Christian. *Nagarjuniana*. Indiske Studier 4. Copenhagen: Akademisk Forlag, 1982.

Poussin, Louis de la Vallée. *L'Abhidharmakośa de Vasubandhu*. 6 vols. Bruxelles: Institut Belge des Hautes Études Chinoises, 1971.

Tharchin, Sermey Geshe Lobsang. *King Udrayana and the Wbeel of Life*. Howell, NJ: Mahayana Sutra and Tantra Press, 1984.

Wogihara, Unrai, ed. *Abhisamayālaṃkārālokā Prajñā-pāramitā-vyākhyā. The Work of Haribhadra*. Tokyo: Toyo Bunko, 1932-35; rpt. ed., Tokyo: Sankibo Buddhist Book Store, 1973.

橡樹林文化 ❖❖ 善知識系列 ❖❖ 書目

JB0001	狂喜之後	傑克．康菲爾德◎著	380 元
JB0002X	我，為什麼成為現在的我： 達賴喇嘛談生命的緣起及意義	達賴喇嘛◎著	360 元
JB0003	佛性的遊戲	舒亞．達斯喇嘛◎著	300 元
JB0004	東方大日	邱陽．創巴仁波切◎著	300 元
JB0005	幸福的修煉	達賴喇嘛◎著	230 元
JB0006	與生命相約	一行禪師◎著	240 元
JB0007	森林中的法語	阿姜查◎著	320 元
JB0008	重讀釋迦牟尼	陳兵◎著	320 元
JB0009	你可以不生氣	一行禪師◎著	230 元
JB0010	禪修地圖	達賴喇嘛◎著	280 元
JB0011	你可以不怕死	一行禪師◎著	250 元
JB0012	平靜的第一堂課——觀呼吸	德寶法師 ◎著	260 元
JB0013X	正念的奇蹟	一行禪師◎著	220 元
JB0014X	觀照的奇蹟	一行禪師◎著	220 元
JB0015	阿姜查的禪修世界——戒	阿姜查◎著	220 元
JB0016	阿姜查的禪修世界——定	阿姜查◎著	250 元
JB0017	阿姜查的禪修世界——慧	阿姜查◎著	230 元
JB0018X	遠離四種執著	究給．企千仁波切◎著	280 元
JB0019X	禪者的初心	鈴木俊隆◎著	220 元
JB0020X	心的導引	薩姜．米龐仁波切◎著	240 元
JB0021X	佛陀的聖弟子傳 1	向智長老◎著	240 元
JB0022	佛陀的聖弟子傳 2	向智長老◎著	200 元
JB0023	佛陀的聖弟子傳 3	向智長老◎著	200 元
JB0024	佛陀的聖弟子傳 4	向智長老◎著	260 元
JB0025	正念的四個練習	喜戒禪師◎著	260 元
JB0026	遇見藥師佛	堪千創古仁波切◎著	270 元
JB0027	見佛殺佛	一行禪師◎著	220 元
JB0028	無常	阿姜查◎著	220 元
JB0029	覺悟勇士	邱陽．創巴仁波切◎著	230 元
JB0030	正念之道	向智長老◎著	280 元
JB0031	師父——與阿姜查共處的歲月	保羅．布里特◎著	260 元

JB0032	統御你的世界	薩姜・米龐仁波切◎著	240 元
JB0033	親近釋迦牟尼佛	髻智比丘◎著	430 元
JB0034	藏傳佛教的第一堂課	卡盧仁波切◎著	300 元
JB0035	拙火之樂	圖敦・耶喜喇嘛◎著	280 元
JB0036	心與科學的交會	亞瑟・札炯克◎著	330 元
JB0037	你可以，愛	一行禪師◎著	220 元
JB0038	專注力	B・艾倫・華勒士◎著	250 元
JB0039X	輪迴的故事	堪欽慈誠羅珠◎著	270 元
JB0040	成佛的藍圖	堪千創古仁波切◎著	270 元
JB0041	事情並非總是如此	鈴木俊隆禪師◎著	240 元
JB0042	祈禱的力量	一行禪師◎著	250 元
JB0043	培養慈悲心	圖丹・卻准◎著	320 元
JB0044	當光亮照破黑暗	達賴喇嘛◎著	300 元
JB0045	覺照在當下	優婆夷　紀・那那蓉◎著	300 元
JB0046	大手印暨觀音儀軌修法	卡盧仁波切◎著	340 元
JB0047X	蔣貢康楚閉關手冊	蔣貢康楚羅卓泰耶◎著	260 元
JB0048	開始學習禪修	凱薩琳・麥唐諾◎著	300 元
JB0049	我可以這樣改變人生	堪布慈囊仁波切◎著	250 元
JB0050	不生氣的生活	W. 伐札梅諦◎著	250 元
JB0051	智慧明光：《心經》	堪布慈囊仁波切◎著	250 元
JB0052	一心走路	一行禪師◎著	280 元
JB0054	觀世音菩薩妙明教示	堪布慈囊仁波切◎著	350 元
JB0055	世界心精華寶	貝瑪仁增仁波切◎著	280 元
JB0056	到達心靈的彼岸	堪千・阿貝仁波切◎著	220 元
JB0057	慈心禪	慈濟瓦法師◎著	230 元
JB0058	慈悲與智見	達賴喇嘛◎著	320 元
JB0059	親愛的喇嘛梭巴	喇嘛梭巴仁波切◎著	320 元
JB0060	轉心	蔣康祖古仁波切◎著	260 元
JB0061	遇見上師之後	詹杜固仁波切◎著	320 元
JB0062X	白話《菩提道次第廣論》	宗喀巴大師◎著	500 元
JB0063	離死之心	竹慶本樂仁波切◎著	400 元
JB0064	生命真正的力量	一行禪師◎著	280 元
JB0065	夢瑜伽與自然光的修習	南開諾布仁波切◎著	280 元
JB0066	實證佛教導論	呂真觀◎著	500 元
JB0067	最勇敢的女性菩薩——綠度母	堪布慈囊仁波切◎著	350 元

JB0068	建設淨土——《阿彌陀經》禪解	一行禪師◎著	240 元
JB0069	接觸大地—與佛陀的親密對話	一行禪師◎著	220 元
JB0070	安住於清淨自性中	達賴喇嘛◎著	480 元
JB0071/72	菩薩行的祕密【上下冊】	佛子希瓦拉◎著	799 元
JB0073	穿越六道輪迴之旅	德洛達娃多瑪◎著	280 元
JB0074	突破修道上的唯物	邱陽．創巴仁波切◎著	320 元
JB0075	生死的幻覺	白瑪格桑仁波切◎著	380 元
JB0076	如何修觀音	堪布慈囊仁波切◎著	260 元
JB0077	死亡的藝術	波卡仁波切◎著	250 元
JB0078	見之道	根松仁波切◎著	330 元
JB0079	彩虹丹青	祖古．烏金仁波切◎著	340 元
JB0080	我的極樂大願	卓千拉貢仁波切◎著	260 元
JB0081	再捻佛語妙花	祖古．烏金仁波切◎著	250 元
JB0082	進入禪定的第一堂課	德寶法師◎著	300 元
JB0083	藏傳密續的真相	圖敦．耶喜喇嘛◎著	300 元
JB0084	鮮活的覺性	堪千創古仁波切◎著	350 元
JB0085	本智光照	遍智　吉美林巴◎著	380 元
JB0086	普賢王如來祈願文	竹慶本樂仁波切◎著	320 元
JB0087	禪林風雨	果煜法師◎著	360 元
JB0088	不依執修之佛果	敦珠林巴◎著	320 元
JB0089	本智光照—功德寶藏論　密宗分講記	遍智　吉美林巴◎著	340 元
JB0090	三主要道論	堪布慈囊仁波切◎講解	280 元
JB0091	千手千眼觀音齋戒—紐涅的修持法	汪遷仁波切◎著	400 元
JB0092	回到家，我看見真心	一行禪師◎著	220 元
JB0093	愛對了	一行禪師◎著	260 元
JB0094	追求幸福的開始：薩迦法王教你如何修行	尊勝的薩迦法王◎著	300 元
JB0095	次第花開	希阿榮博堪布◎著	350 元
JB0096	楞嚴貫心	果煜法師◎著	380 元
JB0097	心安了，路就開了： 讓《佛說四十二章經》成為你人生的指引	釋悟因◎著	320 元
JB0098	修行不入迷宮	札丘傑仁波切◎著	320 元
JB0099	看自己的心，比看電影精彩	圖敦．耶喜喇嘛◎著	280 元
JB0100	自性光明——法界寶庫論	大遍智　龍欽巴尊者◎著	480 元
JB0101	穿透《心經》：原來，你以為的只是假象	柳道成法師◎著	380 元
JB0102	直顯心之奧秘：大圓滿無二性的殊勝口訣	祖古貝瑪．里沙仁波切◎著	500 元

JB0103	一行禪師講《金剛經》	一行禪師◎著	320 元
JB0104	金錢與權力能帶給你什麼？ 一行禪師談生命真正的快樂	一行禪師◎著	300 元
JB0105	一行禪師談正念工作的奇蹟	一行禪師◎著	280 元
JB0106	大圓滿如幻休息論	大遍智　龍欽巴尊者◎著	320 元
JB0107	覺悟者的臨終贈言：《定日百法》	帕當巴桑傑大師◎著 堪布慈囊仁波切◎講述	300 元
JB0108	放過自己：揭開我執的騙局，找回心的自在	圖敦．耶喜喇嘛◎著	280 元
JB0109	快樂來自心	喇嘛梭巴仁波切◎著	280 元
JB0110	正覺之道．佛子行廣釋	根讓仁波切◎著	550 元
JB0111	中觀勝義諦	果煜法師◎著	500 元
JB0112	觀修藥師佛——祈請藥師佛，能解決你的 困頓不安，感受身心療癒的奇蹟	堪千創古仁波切◎著	450 元
JB0113	與阿姜查共處的歲月	保羅．布里特◎著	300 元
JB0114	正念的四個練習	喜戒禪師◎著	300 元
JB0115	揭開身心的奧秘：阿毗達摩怎麼說？	善戒禪師◎著	420 元
JB0116	一行禪師講《阿彌陀經》	一行禪師◎著	260 元
JB0117	一生吉祥的三十八個祕訣	四明智廣◎著	350 元
JB0118	狂智	邱陽創巴仁波切◎著	380 元
JB0119	療癒身心的十種想——兼行「止禪」與「觀禪」 的實用指引，醫治無明、洞見無常的妙方	德寶法師◎著	320 元
JB0120	覺醒的明光	堪祖蘇南給稱仁波切◎著	350 元
JB0121	大圓滿禪定休息論	大遍智　龍欽巴尊者◎著	320 元
JB0122	正念的奇蹟（電影封面紀念版）	一行禪師◎著	250 元
JB0123	一行禪師　心如一畝田：唯識 50 頌	一行禪師◎著	360 元
JB0124	一行禪師　你可以不生氣：佛陀的情緒處方	一行禪師◎著	250 元
JB0125	三句擊要： 以三句口訣直指大圓滿見地、觀修與行持	巴珠仁波切◎著	300 元
JB0126	六妙門：禪修入門與進階	果煜法師◎著	360 元
JB0127	生死的幻覺	白瑪桑格仁波切◎著	380 元
JB0128	狂野的覺醒	竹慶本樂仁波切◎著	400 元
JB0129	禪修心經——萬物顯現，卻不真實存在	堪祖蘇南給稱仁波切◎著	350 元
JB0130	頂果欽哲法王：《上師相應法》	頂果欽哲法王◎著	320 元
JB0131	大手印之心：噶舉傳承上師心要教授	堪千創古仁切波◎著	500 元
JB0132	平心靜氣：達賴喇嘛講《入菩薩行論》〈安忍品〉	達賴喇嘛◎著	380 元

JB0133	念住內觀：以直觀智解脫心	班迪達尊者◎著	380 元
JB0134	除障積福最強大之法——山淨煙供	堪祖蘇南給稱仁波切◎著	350 元
JB0135	撥雲見月：禪修與祖師悟道故事	確吉・尼瑪仁波切◎著	350 元
JB0136	醫者慈悲心：對醫護者的佛法指引	確吉・尼瑪仁波切 大衛・施林醫生 ◎著	350 元
JB0137	中陰指引——修習四中陰法教的訣竅	確吉・尼瑪仁波切◎著	350 元
JB0138	佛法的喜悅之道	確吉・尼瑪仁波切◎著	350 元
JB0139	當下了然智慧：無分別智禪修指南	確吉・尼瑪仁波切◎著	360 元
JB0140	生命的實相——以四法印契入金剛乘的本覺修持	確吉・尼瑪仁波切◎著	360 元
JB0141	邱陽創巴仁波切 當野馬遇見上師：修心與慈觀	邱陽創巴仁波切◎著	350 元
JB0142	在家居士修行之道——印光大師教言選講	四明智廣◎著	320 元
JB0143	光在，心自在 〈普門品〉陪您優雅穿渡生命窄門	釋悟因◎著	350 元
JB0144	刹那成佛口訣——三句擊要	堪祖蘇南給稱仁波切◎著	450 元
JB0145	進入香巴拉之門——時輪金剛與覺囊傳承	堪祖嘉培珞珠仁波切◎著	450 元
JB0146	（藏譯中）菩提道次第廣論： 抉擇空性見與止觀雙運篇	宗喀巴大師◎著	800 元
JB0147	業力覺醒：揪出我執和自我中心， 擺脫輪迴束縛的根源	圖丹・卻准◎著	420 元
JB0148	心經——超越的智慧	密格瑪策天喇嘛◎著	380 元
JB0149	一行禪師講《心經》	一行禪師◎著	320 元
JB0150	寂靜之聲——知念就是你的皈依	阿姜蘇美多◎著	500 元
JB0151	我真正的家，就在當下—— 一行禪師的生命故事與教導	一行禪師◎著	360 元
JB0152	達賴喇嘛講三主要道—— 宗喀巴大師的精華教授	達賴喇嘛◎著	360 元
JB0153	輪迴可有道理？—— 五十三篇菩提比丘的佛法教導	菩提比丘◎著	600 元
JB0154	一行禪師講《入出息念經》： 一呼一吸間，回到當下的自己	一行禪師◎著	350 元
JB0155	我心教言——敦珠法王的智慧心語	敦珠仁波切◎著	380 元

橡樹林文化 ❖❖ 成就者傳紀系列 ❖❖ 書目

JS0001	惹瓊巴傳	堪千創古仁波切◎著	260 元
JS0002	曼達拉娃佛母傳	喇嘛卻南、桑傑．康卓◎英譯	350 元
JS0003	伊喜．措嘉佛母傳	嘉華．蔣秋、南開．寧波◎伏藏書錄	400 元
JS0004	無畏金剛智光：怙主敦珠仁波切的生平與傳奇	堪布才旺．董嘉仁波切◎著	400 元
JS0005	珍稀寶庫——薩迦總巴創派宗師貢嘎南嘉傳	嘉敦．強秋旺嘉◎著	350 元
JS0006	帝洛巴傳	堪千創古仁波切◎著	260 元
JS0007	南懷瑾的最後 100 天	王國平◎著	380 元
JS0008	偉大的不丹傳奇．五大伏藏王之一 貝瑪林巴之生平與伏藏教法	貝瑪林巴◎取藏	450 元
JS0009	噶舉三祖師：馬爾巴傳	堪千創古仁波切◎著	300 元
JS0010	噶舉三祖師：密勒日巴傳	堪千創古仁波切◎著	280 元
JS0011	噶舉三祖師：岡波巴傳	堪千創古仁波切◎著	280 元
JS0012	法界遍智全知法王——龍欽巴傳	蔣巴．麥堪哲．史都爾◎著	380 元
JS0013	藏傳佛法最受歡迎的聖者—— 瘋聖竹巴袞列傳奇生平與道歌	格西札浦根敦仁欽◎藏文彙編	380 元
JS0014	大成就者傳奇：54 位密續大師的悟道故事	凱斯．道曼◎英譯	500 元

橡樹林文化 ❖❖ 蓮師文集系列 ❖❖ 書目

JA0001	空行法教	伊喜．措嘉佛母輯錄付藏	260 元
JA0002	蓮師傳	伊喜．措嘉記錄撰寫	380 元
JA0003	蓮師心要建言	艾瑞克．貝瑪．昆桑◎藏譯英	350 元
JA0004	白蓮花	蔣貢米龐仁波切◎著	260 元
JA0005	松嶺寶藏	蓮花生大士◎著	330 元
JA0006	自然解脫	蓮花生大士◎著	400 元
JA0007/8	智慧之光 1&2	根本文◎蓮花生大士／釋論◎蔣貢．康楚	799 元
JA0009	障礙遍除：蓮師心要修持	蓮花生大士◎著	450 元

善知識系列　JB0002X

我，爲什麼成爲現在的我：達賴喇嘛談生命的緣起及意義

The Meaning of Life : Buddhist Perspectives on Cause & Effect

作　　者／達賴喇嘛（Dalai Lama）
譯　　者／陳世威
審　　訂／杜文仁
責任編輯／劉昱伶
業　　務／顏宏紋

總 編 輯／張嘉芳
出　　版／橡樹林文化
城邦文化事業股份有限公司
104 台北市民生東路二段 141 號 5 樓
電話：(02)2500-7696　傳眞：(02)2500-1951
發　　行／英屬蓋曼群島商家庭傳媒股份有限公司城邦分公司
104 台北市中山區民生東路二段 141 號 5 樓
客服服務專線：(02)25007718；25001991
24 小時傳眞專線：(02)25001990；25001991
服務時間：週一至週五上午 09:30 ～ 12:00；下午 13:30 ～ 17:00
劃撥帳號：19863813　戶名：書虫股份有限公司
讀者服務信箱：service@readingclub.com.tw
香港發行所／城邦（香港）出版集團有限公司
香港灣仔駱克道 193 號東超商業中心 1 樓
電話：(852)25086231　傳眞：(852)25789337
Email:hkcite@biznetvigator.com
馬新發行所／城邦（馬新）出版集團 Cite (M) Sdn Bhd
41, Jalan Radin Anum, Bandar Baru Sri Petaling,
57000 Kuala Lumpur, Malaysia.
Tel:(603)90563833　Fax:(603)90576622　Email:services@cite.my

內　　文／歐陽碧智
封　　面／周家瑤
印　　刷／中原造像股份有限公司

初版一刷／ 2001 年 9 月
二版二刷／ 2023 年 11 月
ISBN ／ 978-626-96324-7-3
定價／ 360 元

城邦讀書花園
www.cite.com.tw

國家圖書館出版品預行編目（CIP）資料

我，為什麼成為現在的我：達賴喇嘛談生命的緣起及意義 / 達賴喇嘛（Dalai Lama）著；陳世威譯. -- 二版. -- 臺北市：橡樹林文化，城邦文化事業股份有限公司出版：英屬蓋曼群島商家庭傳媒股份有限公司城邦分公司發行，2022.10
面；　公分. --（善知識系列；JB0002X）
譯自：The Meaning of Life : Buddhist Perspectives on Cause & Effect
ISBN 978-626-96324-7-3（平裝）

1.CST: 藏傳佛教　2.CST: 佛教修持　3.CST: 因果

226.965　　111014541

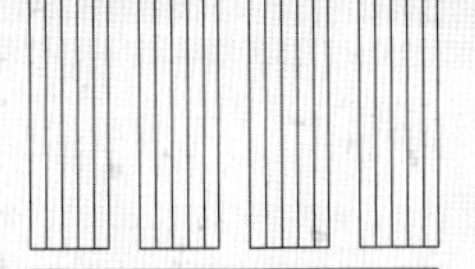

廣　告　回　函
北區郵政管理局登記證
北 台 字 第 10158 號

郵資已付　免貼郵票

104 台北市中山區民生東路二段 141 號 5 樓

城邦文化事業股份有限公司

橡樹林出版事業部　收

請沿虛線剪下對折裝訂寄回，謝謝！

|橡|樹|林|

書名：我，為什麼成為現在的我：達賴喇嘛談生命的緣起及意義

書號：JB0002X

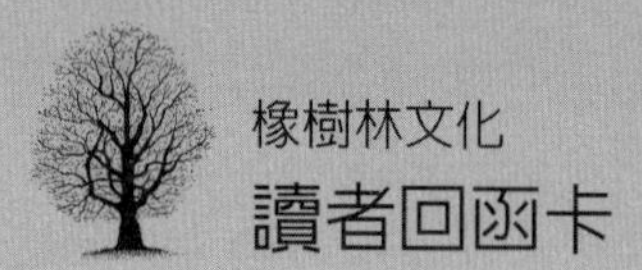

橡樹林文化

讀者回函卡

感謝您對橡樹林出版社之支持，請將您的建議提供給我們參考與改進；請別忘了給我們一些鼓勵，我們會更加努力，出版好書與您結緣。

姓名：＿＿＿＿＿＿＿＿＿＿ □女 □男 生日：西元＿＿＿＿＿＿年

Email：＿＿＿＿＿＿＿＿＿＿＿＿＿＿＿＿＿＿＿＿

● 您從何處知道此書？

□書店 □書訊 □書評 □報紙 □廣播 □網路 □廣告 DM □親友介紹

□橡樹林電子報 □其他＿＿＿＿＿＿＿

● 您以何種方式購買本書？

□誠品書店 □誠品網路書店 □金石堂書店 □金石堂網路書店

□博客來網路書店 □其他＿＿＿＿＿＿＿

● 您希望我們未來出版哪一種主題的書？（可複選）

□佛法生活應用 □教理 □實修法門介紹 □大師開示 □大師傳記

□佛教圖解百科 □其他＿＿＿＿＿＿＿

● 您對本書的建議：

＿＿＿＿＿＿＿＿＿＿＿＿＿＿＿＿＿＿＿＿＿＿＿＿

＿＿＿＿＿＿＿＿＿＿＿＿＿＿＿＿＿＿＿＿＿＿＿＿

＿＿＿＿＿＿＿＿＿＿＿＿＿＿＿＿＿＿＿＿＿＿＿＿

＿＿＿＿＿＿＿＿＿＿＿＿＿＿＿＿＿＿＿＿＿＿＿＿

＿＿＿＿＿＿＿＿＿＿＿＿＿＿＿＿＿＿＿＿＿＿＿＿

非常感謝您提供基本資料，基於行銷及客戶管理或其他合於營業登記項目或章程所定業務需要之目的，家庭傳媒集團（即英屬蓋曼群商家庭傳媒股份有限公司城邦分公司、城邦文化事業股分有限公司、書虫股分有限公司、墨刻出版股分有限公司、城邦原創股分有限公司）於本集團之營運期間及地區內，將不定期以MAIL訊息發送方式，利用您的個人資料於提供讀者產品相關之消費與活動訊息，如您有依照個資法第三條或其他需服務之業務，得致電本公司客服。

我已經完全瞭解左述內容，並同意本人資料依上述範圍內使用。

＿＿＿＿＿＿＿＿＿＿＿＿＿＿（簽名）

處理佛書的方式

佛書內含佛陀的法教，能令我們免於投生惡道，並且爲我們指出解脫之道。因此，我們應當對佛書恭敬，不將它放置於地上、座位或是走道上，也不應跨過。搬運佛書時，要妥善地包好、保護好。放置佛書時，應放在乾淨的高處，與其他一般的物品區分開來。

若是需要處理掉不用的佛書，就必須小心謹慎地將它們燒掉，而不是丟棄在垃圾堆當中。焚燒佛書前，最好先唸一段祈願文或是咒語，例如唵（OM）、啊（AH）、吽（HUNG），然後觀想被焚燒的佛書中的文字融入「啊」字，接著「啊」字融入你自身，之後才開始焚燒。

這些處理方式也同樣適用於佛教藝術品，以及其他宗教教法的文字記錄與藝術品。

ཡི་གེ་ཉི་ཤུ་རྩ་དྲུག་པ་འདི་དཔེ་ཆའི་ནང་དུ་བཞག་ན་དཔེ་ཆ་དེ་ཅི་འདྲར་
བགོམས་ཀྱང་ཉེས་པ་མི་འབྱུང་བར་འཛམ་དཔལ་རྩ་རྒྱུད་ལས་གསུངས་སོ། །
此咒置經書中　可滅誤跨之罪